主なる神に弓を引いた男たち

裁判10連敗の宏洋《ひろし》と
幻冬舎社長・見城徹の実像

幸福の科学 総合本部 編

まえがき

それにしても、呆《あき》れた本（『神になりたかった男　回想の父・大川隆法《おおかわりゅうほう》』）が出版されたものである。

三百カ所以上のウソと誹謗中傷《ひぼうちゅうしょう》等に満ち、しかもその中で「最高裁で虚偽《きょぎ》が確定したもの」まで再び持ち出すという異常さは、裁判で十連敗してもまだわからない著者宏洋《ひろし》氏の知性のレベルの低さだけではなく、もはや性格までもが異常なレベルにきていることを窺《うかが》わせる。

出版元の幻冬舎《げんとうしゃ》の問題も重大である。まともな出版社としては、明らかに常軌《じょうき》を逸《いっ》した行動に出ており、本づくりに欠かせない基本的なファクトチェックの杜《ず》撰《さん》さに至っては、開《あ》いた口が塞《ふさ》がらないレベルと言ってよい。これは大きな責任が問われるだろう。

父親から受けた数多《あまた》の恩を忘れ、主への信仰《しんこう》を失った男の末路は悲しい。度々、解離《かいり》性障害が疑われるほど〝物忘れ〟が激しく、自分の言葉に責任が持てない男は、言われてもいないことを捏造《ねつぞう》し、真実の話を全部消しにかかろうとしてきた。その動機の多くは他人への「嫉妬《しっと》」であり、単なる「名誉心《めいよしん》」であり、実力の伴《ともな》わない「プライド」（＝コンプレックス）であったことは、彼の周囲にいた人達が一致《いっち》して指摘《してき》しているところである。

俳優業の真似事《まねごと》をしても、「観客を騙《だま》せたらいい役者だ」と思っているようでは、支持を失うのは当然だろう。

結局、「仕事能力の不足」と「徳力の不足」は隠《かく》しようがなく、仕事における公私の区別も全《まった》くつけられずに、教団に多大な損害を与《あた》えた。しかし判断の間違《まちが》いを客観的に指摘されると、すべて他人のせい、環境《かんきょう》のせい、周囲のせいにして、「悪口とウソをまき散らしてきた」というのが、宏洋氏の本の中に現れた偽《いつわ》らざる姿である。いい歳《とし》をして「妖怪《ようかい》すねかじり」という名前まで頂戴《ちょうだい》してしまった。

主なる神を愚弄《ぐろう》するのは言語道断《ごんごどうだん》である。指導霊《しどうれい》団や教団の聖なる行事を穢《けが》す言動も、もってのほかである。熱心な信者の信仰心を揶揄《やゆ》するのは、人間としてあまりにも恥《は》ずかしいことだ。「名誉心が出てきたあたりから、悪霊《あくれい》に入られるようになった」と指摘されていたが、このまま悪魔《あくま》に取り憑《つ》かれたままなら、この先、非常に厳しい来世《らいせ》が待っている。

幻冬舎の見城徹《けんじょうとおる》社長も、あの世と霊界《れいかい》の存在を信じている人物だと聞く。ならば主なる神や仏陀《ぶっだ》の誹謗に加担した罪が来世で如何《いか》ほど重いものになり、どれだけの地獄《じごく》の責め苦が待っているかは、きっと御存《ごぞん》じだろう。博打《ばくち》うちのノリで出してよい本ではないことは、よくよく肝《きも》に銘《めい》じておいていただきたい。

二〇二三年　十月二日

幸福の科学 常務理事 総合誌編集局長　　小林早賢《こばやしそうけん》

主なる神に弓を引いた男たち　目次

第2章 宏洋氏の裁判十連敗の記録

幸福の科学 広報局

第3章　宏洋氏の嘘と歪《ゆが》んだ人物像を明かす

幸福の科学 第一、第二経典《きょうてん》・書籍編集局

4　宏洋氏の「宗教的無知」の問題　170

第4章

幻冬舎・見城徹《けんじょうとおる》社長に申し上げる

幸福の科学 常務理事 広報担当　喜島克明《きじまかつあき》

終章　主なる神エル・カンターレである大川隆法総裁の真実の姿とは

第一部　教団の草創期から見てきた主なる神のお姿と「宏洋問題」の本質とは

幸福の科学 編集系統括《とうかつ》担当専務理事　斎藤哲秀《さいとうてっしゅう》

第1章

宏洋《ひろし》氏と幻冬舎《げんとうしゃ》の虚偽《きょぎ》を明らかにする

――『神になりたかった男　回想の父・大川隆法』宏洋著（幻冬舎刊）に対する幸福の科学グループ見解――

幸福の科学　広報局

はじめに――宏洋《ひろし》氏と幻冬舎《げんとうしゃ》の「信教の自由」への侵害《しんがい》と発刊に至る経緯《けいい》

二〇二三年九月二十八日、宏洋《ひろし》氏は自著『神になりたかった男　回想の父・大川隆法《おおかわりゅうほう》』のなかで、大川隆法総裁やその説かれる教義、ご家族、教団運営の実際について、三百カ所以上に上る虚偽《きょぎ》や誹謗中傷《ひぼうちゅうしょう》を公表しました。

幻冬舎《げんとうしゃ》に対しては、発刊に先立つ二〇二三年八月三十一日、教団弁護士名義の申入書を発送し、大川総裁は、「幸福の科学」教団の教祖にして「御本尊《ごほんぞん》」であり、幸福の科学の数多くの信者の「信仰《しんこう》の対象」であり、裁判所にも、「大川総裁の全人格に対する社会的評価は、幸福の科学の社会的評価に大きく影響《えいきょう》するものである」と認められていることや、宏洋氏は、幸福の科学側を原告とする名誉《めいよ》毀損《きそん》裁判で、合計十二カ所の名誉毀損により、合計六百七十一万円もの損害賠償《ばいしょう》が命じられており、その発言に多くの虚偽が含《ふく》まれていることが、判決により繰《く》り返し明らかにされている人物であることを注意喚起《かんき》いたしました。

　また、そのなかでは、宏洋氏著の書籍《しょせき》を発刊するにあたっては、相応の裏付け取材と内容の検証が必要のはずであることや、幻冬舎が十分な裏付け取材を行うことなく、宏洋氏が一方的に記載《きさい》した虚偽事実に基《もと》づき、幸福の科学の「信仰の対象」である大川総裁と幸福の科学を誹謗中傷する記述が存する書籍を発刊し、大川総裁と幸福の科学の社会的評価を低下させたような場合には、同社は著者である宏洋氏と連帯して法的責任を負うことになりかねないと同時に、このような誤った情報の流布《るふ》は多くの信仰者の心を傷つけるものでもあることを指摘《してき》いたしました。

　その後、幻冬舎は大川総裁のイラストを違法《いほう》に用いた表紙を公開しＰＲを始めたため、当教団は出版差止めの仮処分命令申立てを行いました。しかし幻冬舎は、あえて発売時期を遅《おく》らせ表紙を差し替《か》えることで、内容を変更《へんこう》せず発売を強行しました。

こうした申し入れを無視して、今回、幻冬舎が宏洋氏著の書籍を発刊したことは、出版社としての道義にもとる行為《こうい》です。ここでは、その主要な嘘と誹謗中傷を取り上げ、宗教的真理の観点から、その過《あやま》ちを正します。

1 『回想の父・大川隆法』というタイトルそのものに嘘《うそ》がある

まず、前提として、宏洋氏は書籍のタイトルに『回想の父・大川隆法』とつけていますが、書籍のタイトルそのものに嘘《うそ》があります。

宏洋氏は、実は、家族との交流時間が他のきょうだいに比べて極端《きょくたん》に少ないというのが実情で、家庭内や父親のことについてはよく知りません。

小学校時代は家族と過ごす時間があったものの、中学生以降は家族と食事をとったり交流したりする時間はほとんどなく、さらに高校からは、素行が悪いことで母親と大喧嘩《おおげんか》になり、家を出て一人暮らしをすることになります。大学生、社会人のときには、大川総裁や家族に会いに来るのは、決まって何か要求やお願いごとがあったり、本人にトラブルが生じたりしたときや、誕生日等のイベントのときに少し接点があったぐらいで、「回想の父」と言いますが、宏洋氏は、家族のことも父親の仕事のことも、ほとんど知らないというのが真実です。

宏洋氏の発言が嘘だらけなのも、裁判で負け続けているのも、その原因は、家族との接点がほとんどなく、詳《くわ》しいことは何も知らないということにあるのです。

2　「内気で暗い性格だった」「人間嫌《ぎら》い」「嫉妬《しっと》深い」という虚偽《きょぎ》

宏洋氏は大川総裁の少年期・青年期について「内気で暗い性格だった」「人間嫌《ぎら》い」「嫉妬《しっと》深い」などとしていますが、全《まった》く事実と異なります。

書籍『夢は叶《かな》う』や青少年期を描《えが》いた「鏡川竜二《かがみかわりゅうじ》シリーズ」の『小説　若竹の

時代』にも記《しる》されている通り、大川総裁は中学時代には生徒会長を務め、テニス部でもキャプテンでした。夏期講習で生徒の態度が悪く、先生方が授業に現れなかった際には、他の生徒たちのために自主的に教壇《きょうだん》に立ち、その日の予定だった科目の講義を行いました。

また、書籍『世界に羽ばたく大鷲《おおわし》を目指して』にも記されている通り、徳島城《じょう》南《なん》高校時代は、剣道《けんどう》部で活躍《かつやく》しつつ、高一生時の文化祭では、女装で「シンデレラ」を主演し、高二生時は木下順二《きのしたじゅんじ》の戯曲《ぎきょく》「おんにょろ」の超野人《ちょうやじん》の主役を演じ、多くの演劇部の女子が〝追っかけ〟を始めたといいます。高校時代の同級生も、「大川総裁は誰《だれ》もが認める努力家でしたが、全然ガリ勉タイプではありませんでした。人付き合いはいいし、話も面白《おもしろ》いし、文化祭の劇では、みんなを爆笑《ばくしょう》させていました。剣道の練習にも熱心で、憧《あこが》れていた人は多かったと思います」と証言しています（月刊「アー・ユー・ハッピー?」二〇二一年十二月号より）。

このように、大川総裁は青少年期から最優秀《さいゆうしゅう》の成績を維持《いじ》しながら、「人付き合いがよく」、「明るく」、「積極的」で「快活」な性格でした。人を喜ばせ、多くの人々から信頼《しんらい》を寄せられる徳望ある人物だったというのが事実です。宏洋氏は高校時代の同級生を取材したルポライターの記事をもとに「目立たない存在だった」などとしていますが、客観的事実に反しています。

本書では、大川総裁が実兄《じっけい》への劣等《れっとう》感や嫉妬を抱《かか》えて育ったとしていますが、そのような事実はありません。また、教えとしても、嫉妬を感じる対象は「自分の理想像」であり、「祝福の心」で「嫉妬心を克服《こくふく》する」ことの大切さを繰り返し説かれています。

3　大川総裁の勉強法への誹謗中傷《ひぼうちゅうしょう》

宏洋氏は、大川総裁の「教科書を隅《すみ》から隅まで叩《たた》き込《こ》む」勉強法を要領が良くないかのように誹謗中傷《ひぼうちゅうしょう》していますが、勉強法に対して全く理解が及《およ》んでいないようです。

大川総裁の勉強法は、学問領域を広げながら、うまずたゆまずやり続けることで、次第《しだい》に大きなものを成し遂《と》げていくことを目指すもので、受験勉強で効率的に得点を挙げるような、ターゲットを絞《しぼ》ってそこに集中して成果を上げるものではありません。

大川総裁は、小学生の頃《ころ》から自発的に「真にいろいろな物事を学びたい」という気持ちを持たれ、小学四年生から毎日のように「離《はな》れの家」で、勉強や思索《しさく》にふけられ、そのお姿は、伯母《おば》で小説家の中川静子《なかがわしずこ》氏から「努力の人」と評されるほどです。また、高学年になると、「何か普通《ふつう》の人ではやり遂げられないような、膨大《ぼうだい》な、何十年もかかってまとめ上げる仕事」への予感を感じられました。

大川総裁は、小学生時代に『シュバイツァー伝』を読まれて「三十歳《さい》までは自分のために勉強し、残りの人生は世のために尽《つ》くす」と志《こころざし》を抱《いだ》かれました。また、中学生時代にジッドの『狭《せま》き門』を読まれ、「心を尽くして狭き門より入《い》れ」という言葉に、「難しいけれども、人が嫌《いや》がる狭き門を目指して、生命の門に至りたい」と天命を自覚されました。こうした大きな志や天命の自覚が、大川総裁の勉強法の根底にあることを宏洋氏は知るべきです。

4　旧版『太陽の法』の自伝的部分に対する邪推《じゃすい》

宏洋氏は旧版『太陽の法』の自伝的部分が大幅《おおはば》に書き換《か》えられていることを、挫折《ざせつ》などの「事実を隠《かく》すようになった」などとしています。

しかし、旧版は、立宗《りっしゅう》前でまだ一名も会員がいなかった、一九八六年の退社直後の準備期間に書き下ろされたものであり、ご自身のエピソードについても、かなり謙遜《けんそん》されて語られていたということが真実です。

その後『太陽の法』は数百万部のベストセラーになり、「時代は今、幸福の科学」のかけ声のもと、幸福の科学は「第五次宗教ブーム」の中心の宗教として大きな評価を獲得《かくとく》していきました。一九九一年の七月には、東京ドームでの大講演会「信仰の勝利」を成功させ、「エル・カンターレ宣言」とともに、日本のみならず海外にも多数の信者が誕生し、「ウォール・ストリート・ジャーナル」でも全面の特集記事が掲載《けいさい》されるまでになりました。

しかし、その勢いに嫉妬して、何とか追い落とそうとしてきたのが、無神論や唯物論《ゆいぶつろん》を基調とする当時のマスコミでした。

一九九一年の講談社フライデー事件（フライデーによる多数の捏造《ねつぞう》記事による、大川総裁と幸福の科学に対する名誉毀損と誹謗中傷事件）の前後に、一部のジャーナリストや宗教学者が、大川総裁（当時主宰《しゅさい》）を、その謙虚な自己表現に乗じて、まるで平凡《へいぼん》で大した能力のない一商社マンが、金儲《かねもう》けや権力欲のために脱《だつ》サラして新宗教を興《おこ》したというような論調で誹謗中傷してきました。それらの記事があまりにも事実とかけ離れたものであったために、後世のためにも、ずば抜《ぬ》けて優秀な学生であり商社マンであったという真実を、飾《かざ》らずに率直《そっちょく》に書き遺《のこ》す、という主旨《しゅし》で改訂《かいてい》されたのが、この新版の『太陽の法』なのです。

そのことは、新版の「まえがき」にも「この国のジャーナリストや宗教学者には、謙譲《けんじょう》の美徳が理解できないようなので、飾らずに率直に書いてみた」と大川総裁ご自身の言葉で書かれています。日本の行き過ぎたマスコミ権力の横暴を正す、という「マスコミ改革」も、幸福の科学の使命のなかには含まれていました。

また、青春期の出来事は、『青春マネジメント』『知的青春のすすめ』や会内経典《きょうてん》『若き日のエル・カンターレ』、「鏡川竜二シリーズ」の『小説　竹の子の時代』『小説　若竹の時代』『小説　永遠の京都』『小説　内面への道』『小説　遥《はる》かなる異邦人《いほうじん》』『小説　とっちめてやらなくちゃ』などを通じて詳細《しょうさい》に書籍で公開されています。

宏洋氏は、このような新しい書籍をきちんと読みもせず、大川総裁の謙譲の美徳を理解せず、新版の「まえがき」を無視し、旧版の記述を邪推《じゃすい》して、「友達がいなかった」「大学生活は悲惨《ひさん》だった」などといった表現で、大川総裁を意図的に貶《おとし》めようとしています。宏洋氏の目論見《もくろみ》は当時の間違ったマスコミ同様、時代遅れの捏造による誹謗中傷であり、その間違いを打ち砕《くだ》かれるべきものです。

5 「自己愛が強くて傲慢《ごうまん》」な人間として成長したという虚偽《きょぎ》

本書では、大川総裁が「傷つきやすい」、「卑屈《ひくつ》」で「いじけた青年」だったとし、その性格のまま、「自己愛が強くて傲慢《ごうまん》」な人間として成長したかのように記述されていますが、全く事実に反します。

大川総裁の中学時代のエピソードとして、次のようなものがあります。ある日の清掃《せいそう》の時間、級友の一人が、担当場所である図書室の鍵《かぎ》を取りに行くのが面倒《めんどう》になり、要領よく鍵を使わず侵入《しんにゅう》したのがバレて、先生からこっぴどく叱《しか》られた、ということがありました。しかし、それを見た中学時代の大川総裁が「自分が許可した」と名乗り出て代わりに叱られ、その級友を助けてあげたのです。「自己愛が強くて傲慢」な人間ならとてもできない、リーダーとしての「愛深く」、「献《けん》身《しん》的」な「責任感」あふれる行為ではないでしょうか（会内経典『「小説　若竹の時代」余話』より）。

また、若き日の大川総裁の心の透明《とうめい》度の高さは、商社マン時代に出した『青春詩集 愛のあとさき』にも表れています。当時、この詩集を読んだ伯母《おば》で作家の中川静子氏は、「『詩集を今、半分ぐらい読んだところだけど、あなたの心は透明感があって美しい。（中略）とても言葉が美しくて、伯母ちゃんは、今、感動している』と電話をしてきたといいます（『小説　竹の子の時代』より）。

この詩集には、「幸福新聞」という二十七歳ごろに書かれた詩が収録されています。「ねえ　だれか　幸福新聞を始めてみませんか　幸福でみちみちた新聞　悪い記事など一つもない新聞　一ページ目から最終ページまで　喜びと　希望と　明るさと　幸せとで　満載になった新聞　毎朝第一ページ目をめくると　まぶしい朝の光が飛び出してくるような新聞」という内容です。この詩にあるように「喜びと　希望と　明るさと　幸せとで　満載になった」世の中にしたいというのが、退社独立、立宗を控《ひか》えた当時の大川総裁の偽《いつわ》らざる心境でしょう。

大川総裁は、ビジネスの現場で最優秀の実績をあげながら、宗教家に求められる心の透明性と利他《りた》の心をどこまでも高めていかれたのであって、「聡明《そうめい》」で「思いやり」があり、「謙虚」なのが大川総裁です。宏洋氏の主張が全くの事実無根であることは明らかです。

6 高校時代に成績も特に良くはなかったという証言への反証

「成績も特に良くはなかったという証言もある」としていますが、事実とは違います。

当時、徳島県下随一《ずいいち》の進学校であった城南高校において、トップクラスの成績をとり、「松柏賞《しょうはくしょう》」という優等賞を受賞し卒業されています。この賞は、「高校三年間の九学期において、『五段階評価の通信簿《つうしんぼ》で平均四・五以上』という基準を一度も外さず、九回連続して平均四・五以上を取った」という条件と、「実力テストで、三年間ずっと上位にいた」という条件の両方を満たせば、もらえるという賞です。

なお、大川総裁は、長時間の通学の負担や高三生の夏まで週六日、剣道部の部活を続けられていたことや、当時を振《ふ》り返って、「徳島にたいした予備校もなかったし、塾《じゅく》もなかったのですけれども、数学で売りのところ（塾）があったので、ちょっとだけ、六月の初めぐらいまで通ったのです。しかし、取られる時間が多いわりには勉強時間が減るので、マイナスと思ってやめました」（会内経典『「小説　若竹の時代」余話』より）と語っておられる通りで、宏洋氏の言うような、「人に頭を下げて教えを乞《こ》うことができないから予備校に行かなかった」というのは、全く事実に反します。宏洋氏は、都会で何不自由なく恵《めぐ》まれた環境《かんきょう》に育ったため、近隣《きんりん》に予備校もない環境のなかで刻苦勉励《こっくべんれい》された大川総裁の苦労など分からない、ボンボンの典型的な発想であると言えます。

7　「兄への劣等感《れっとうかん》は、浪人中《ろうにんちゅう》にさらに膨《ふく》らんだ」などあり得ない

宏洋氏は本書のなかで、「兄への劣等感《れっとうかん》は、浪人中《ろうにんちゅう》にさらに膨《ふく》らんだ」などとしていますが、ここで宏洋氏は、実は自分が大川総裁の兄弟関係について全く知

らないことを露呈《ろてい》しています。

大川総裁の兄は、当時、京大の哲学科《てつがく》に通っていましたが、夏目漱石《なつめそうせき》のいう高等遊民風な生き方で、大川総裁から見ると「パチンコ屋によく行っているな」という印象でした（『凡事徹底《ぼんじてってい》と独身生活・結婚《けっこん》生活』より）。また、臨時収入が必要になると塾の先生をしなければいけない状態で、結局三十歳近くまで大学生をしていました。そのような兄に対して、さらに劣等感が膨らむことなどあり得ません。

また、宏洋氏は大川総裁に「浪人した過去を隠したい意識」があるかのように主張していますが、全くのでたらめです。当時のことは『小説　永遠の京都』などに詳細に書かれており、宏洋氏が知らないだけです。

8　東大に助手として残ろうとしたが、成績が悪かったという虚偽《きょぎ》

東大法学部生時代についても、宏洋氏は、「助手として残ろうとしたが、成績

が悪かった」などとしていますが、全く事実に反します。

大川総裁が助手を断念したのは、友人が本心では同じ教授のもとで助手になりたがっているのを知って、身を引くことにしたためです。

大学時代の成績も、当時の東大法学部生の平均として「優」が二個半のところ、二十個以上ありました（「鏡川竜二シリーズ」『小説　内面への道』や会内経典『「小説　内面への道」余話』より）。当時、受験者の八分の一程度しか合格しなかった司法試験の短答式についても、九割正答して一回で合格しています（二〇二二年四月六日の大川総裁との鼎談《ていだん》や「鏡川竜二シリーズ」『小説　遥かなる異邦人』より）。

また、宏洋氏は大川総裁の「大学時代は友達がおらず、ひたすらに本を読んで」いたなどとしていますが、これも事実に反します。大川総裁は当時、関東大学ベスト8に入る強豪《きょうごう》だった東大剣道部に所属し、月、水、金の週三日、二時間ほど練習していました。またクラスメートたちとは勉強会の開催《かいさい》を通じて積極的に交わり、その中心的な人物として信用も厚く、進路の悩《なや》みなどの相談相手になっていました。

さらに、「超一流企業《きぎょう》への就職にも失敗」とも言っていますが、それは大学四年の十月一日に会社訪問解禁という当時の就職協定を正直に守っていたために、協定に関係なく内々定を獲得するのが事実上当然であった当時の就職活動をしなかったというのが主な原因です。

そうであっても、その優秀さはリクルート担当者が目を見張るものであり、「ある総合商社の人事担当者から『「三顧《さんこ》の礼《れい》」をもって迎《むか》えるから是非《ぜひ》とも当社に』と懇願《こんがん》され、東大の先輩《せんぱい》で、スタンフォード大学でＭＢＡをとった常務から、『ウチに来てくれませんか』と頭を下げられて、男の心意気で、入社を決めました」（『太陽の法』より）というのが偽らざる真実です。

また、商社（トーメン）を選んだ理由としては、当時、大川総裁は、ある有名な銀行からも内定をもらっていましたが、銀行では土曜日も勤務があり、商社のほうでは土日が休みで、宗教や経済、経営、金融《きんゆう》などの勉強に励《はげ》んだり、思想を深めたいと考え、商社を選ばれたという背景があります（会内経典『選ばれし人となるためには』より）。

9 会社勤めが嫌《いや》だったという虚偽《きょぎ》

本書で宏洋氏は、商社マン時代の大川総裁について、「サラリーマンとして過ごした数年間がいかに辛《つら》かったか、（中略）繰り返し聞かされた」、「会社勤めが嫌《いや》で嫌でしょうがなかった」などとしていますが、これも全く事実に反します。

当時の状況においては、大川総裁は既《すで》に霊能者《れいのうしゃ》となっており、満員電車で、隣《となり》や前にいる人が悪霊憑《つ》きであるときには、憑いているもの（動物霊や斬《き》り合いをした武士の不成仏《ふじょうぶつ》霊など）が視《み》えてくるので厳しい霊的状況にあり、通常の霊能者であれば精神異常をきたすような環境のなかでしたが、大川総裁は、精神統一をしながら心を揺《ゆ》らさず商社の激務をされていたのです。

商社の同僚《どうりょう》や寮《りょう》の寮母の方々は、宗教活動開始のための退社独立を知った際、「人の十倍、仕事をして、人の十倍、利益を出して、会社に貢献《こうけん》して、まだこんな仕事までしていたとは」という趣旨《しゅし》のことを言ったといいます。商社マン時代から、将来を期して、全身全霊で仕事に打ち込んでおられたというのが真実です。

また、入社約一年でニューヨーク本社の研修生に抜擢《ばってき》され、さらにその一年後、先例のない実績が評価され、「研修生からニューヨーク駐在員《ちゅうざいいん》に切り換えたいのだが」と異例の打診《だしん》をされたこと自体、大川総裁の熱意ある仕事ぶりを証明しています。

さらに、入社二年目にして、新入社員に苦労させたくないという思いから、外国為替《かわせ》の概論《がいろん》や実務の仕方を体系化したマニュアルを書かれて、上司を驚《おどろ》かせたエピソードがあります。社内懸賞《けんしょう》論文では、「会社の将来をどう変えるべきか」を書いて会社の上層部に伝えるなど、会社の未来を考えて意欲的に仕事をされていました。

10 「GLAから強い影響《えいきょう》を受けている」という虚偽《きょぎ》

宏洋氏は、大川総裁が「GLAから強い影響《えいきょう》を受けている」「GLAを通して宗教に目覚める」としていますが、そのようなことは全くありません。

大川総裁は、九歳、十歳のころには、夕食後の団欒《だんらん》のときに、『聖書《せいしょ》』の話や『無門関《むもんかん》』の講義を父親から聴《き》き、学んでいました。小学校時代に、唯物論や『共産党宣言』の内容、カントの観念論哲学まで聴かれ、宗教や哲学を学ばれていました。学生時代には、「ヘーゲル、マルクス、マックス・ウェーバーや、四大聖人などを超《こ》える思想をつくりたい」という志を抱きながら、宗教や哲学、社会学、法学、政治学など幅広い勉強を重ねつつ、さらに社会人として実社会に揉《も》まれ、海外の勉強もされた上で、自らの思想を編まれています。GLAから強い影響を受けていたというのは全くの虚偽です。

旧版『太陽の法』にGLA教団の高橋信次《たかはししんじ》氏が登場するのは、幸福の科学の立宗前、協力者として出てきた人たちのなかに同教団の出身者が多くおり、出版に当たって高橋氏のことを書いてほしいという彼らの要望に応《こた》えたまでです。父親である善川三朗《よしかわさぶろう》顧問自身、高橋信次氏が徳島に来た際、講演会と霊道《れいどう》実験をやったのを見て、「サクラだろう」と懐疑《かいぎ》的でした（『宗教学から観《み》た「幸福の科学」学・入門』『小説　若竹の時代』より）。

霊的に見ると、「生前の高橋信次を指導し、釈尊《しゃくそん》の真似《まね》をしていたのは、アーラーラ・カーラーマという仙人《せんにん》」で、「GLAは、仏陀《ぶっだ》教団の真似をした『偽装した仙人教団』であったことははっきりしています」（『宗教選択《せんたく》の時代』より）。

大川総裁は、高橋信次氏の著作を読んではいましたが、釈迦《しゃか》の再来を自称《じしょう》していた割には、仏教哲学の思想性が皆無《かいむ》に近いことが気になったという程度です。

11 宗教家になったのは金集めという虚偽《きょぎ》

「宗教家になったのにはいろいろな理由がありそうだが、ひとつは金集めだったのではないかと僕《ぼく》は思っている」「お金への志向は、宗教へのこだわり以上に強かった」としていますが、全くの事実無根であり、許されざる侮辱です。

大川総裁が、三十歳の誕生日を迎える直前、当時、父親と兄が経営する学習塾がうまくいかず倒産の危機もあるなかで、会社を辞《や》めると収入がなくなるという状況《じょうきょう》にありました。そのときに、イエス・キリストをはじめとする諸霊から、「いまこそ立つべき時だ」という霊的啓示《けいじ》が臨み、大川総裁は、会社を捨てて、「みずからの足で立つ。真理に生きる」ということを決意されたのです。

会内経典『若き日のエル・カンターレ』に説かれている通り、大川総裁は、「もう収入などなくともよい。何もなくてもよい」「すべてを捨てて、空手《くうしゅ》にして立つ」という気持ちで退社独立され、幸福の科学をはじめられました。六畳《じょう》一間の仮事務所からのスタートで、講演会や書籍の発刊を積み重ねられ、全人類救済のために不惜身命《ふしゃくしんみょう》の思いで活動を広げてこられました。

なお、教団設立から約半年間は、ご自身は教団から給料をもらわず、無報酬《ほうしゅう》で運営されていました。

12 教団設立の経緯《けいい》にかかわる虚偽《きょぎ》

本書で宏洋氏は、大川総裁による幸福の科学設立は、失恋《しつれん》の相手を見返すためだったとしていますが、全くの作り話です。

幸福の科学設立は、大川総裁の天命であり、霊天上界《てんじょうかい》からの高級霊の霊示《れいじ》によって始まりました。「当会の教えは、もともと、『イイシラセ』という言葉から始まりました。一九八一年三月二十三日に、私が、天上界から、『イイシラセ』『イイシラセ』という言葉を自動書記で受けたところから始まっているのです」（会内経典『宗教としての包容力』より）とあるように、霊界からの啓示なくして宗教は始まりません。この基本中の基本を外してしまっている宏洋氏に、大川総裁や幸福の科学について語る資格がないのは明らかです。

13 名古屋《なごや》支社時代の失恋《しつれん》が会社を辞《や》めるきっかけになったという虚偽《きょぎ》

宏洋氏は、大川総裁がトーメンの名古屋《なごや》支社に勤務していた時代に失恋《しつれん》したという話を「僕は彼から何度も聞かされた」と言います。そして、「この2回目の失恋は幸福の科学にとっても大きな意味を持っていたと思っている。隆法が会社を辞《や》めるきっかけになったと睨《にら》んでいるからだ」としていますが、事実ではありません。

宏洋氏に名古屋支社時代の話をしたのは、大川総裁の半生を描いた映画「さらば青春、されど青春。」の主演を宏洋氏が演じることになったため、宏洋氏が心情理解を深めた上で演技ができるように、という理由からです。

また、宏洋氏は「失恋」と言っていますが、当時、大川総裁は霊天上界からの啓示を受けて、いよいよ全人類救済のために退社・独立をお考えになっている時期でした。しかし、相手の女性に対して、「僕は、もうすぐ会社を辞めて救世主になるけれども、かまわないかい？」と伝えたとしても、「おそらく、それを受け止められる相手はいないであろう」と相手の女性のことを思いやり、ご自身から身を引かれたというのが事実です（『アイム・ハッピー』より）。

恋愛に対して貪欲《どんよく》な宏洋氏から見れば、恋愛よりも使命のために生きることを選ばれた、大川総裁のストイックな生き方は、到底《とうてい》理解不能だったのでしょう。

なお、大川総裁は「愛」について、「私が説いている愛というのは、世間《せけん》で言っている愛とか、あるいは恋愛小説なんかに書かれている愛とはかなり違っている」として、普通は「自分を愛してくれていますか」ということを中心に考えるけれども、そうではなく「『自分が人に愛を与《あた》えたかどうか』ということに関心を持っている」と説かれています(会内経典『原説・『愛の発展段階説』講義』より)。

また、自《みずか》らが若き日に詠《よ》んだ詩集にふれて、女性に対しては、「『永遠の美』とか『憧れ』のようなものを、いつも詠《うた》っている」と語られており(会内経典『言葉・愛・呪《のろ》い』より)、世間擦《ず》れした宏洋氏の恋愛観や女性観とは百八十度異なっています。

14 失恋《しつれん》が人生に大きな影《かげ》を落としたのは宏洋氏のほう

宏洋氏は本書において、失恋《しつれん》によって、「会社にいる最後の理由が消えた」、失恋が「人生に大きな影《かげ》を落とした」、「政治家になり、日本国総理大臣になれば、自分をあっさりフッた彼女たちを見返せるかもしれない」など、大川総裁の人生の節々《ふしぶし》で「失恋」が影響を与えているという〝失恋史観〟を振り回していますが、これは、宏洋氏自身が多くの失恋と離婚で、その都度《つど》、精神的に疲弊《ひへい》してボロボロになってきたことを言っているにすぎないのではないでしょうか。

15 老若男女《ろうにゃくなんにょ》問わず人気のあった大川総裁

宏洋氏は、しきりに若き日の大川総裁が女性にモテず、「『非モテ』が服を着て歩いているような若者」であったというレッテルを貼《は》ろうとしています。しかし、高校時代の同級生へのインタビューでは、「憧れていた人は多かったと思います」という証言もあれば、商社に勤務していた時代も、「けっこうモテていて、女の子から人気があったので、憧れていた女の子がいっぱいいいいた」という上司の証言もあります。

宏洋氏は、幸福の科学を立ち上げた大川総裁が非モテから脱却《だっきゃく》し、いきなり若い女性からキャアキャア言われて舞《ま》い上がり、「女の子たちに囲まれてニヤニヤしている父、隆法の姿が目に浮《う》かぶようだ」と妄想《もうそう》を膨《ふく》らませて言っていますが、大川総裁は、一人の人間としても魅力《みりょく》があり、老若男女《ろうにゃくなんにょ》から人気があったのは周知の事実です。宏洋氏が大川総裁を貶める発言を繰り返すのは、自分自身がそうなりたかったという願望の裏返しなのではないでしょうか。

16 大川総裁を「先生」と呼びなさいというのは全《まった》くの嘘《うそ》

「僕たち家族は隆法のことを『総裁先生』と呼ぶ決まりになっていた」とありますが、嘘《うそ》です。

大川総裁がご自身で「総裁先生と呼びなさい」とおっしゃることはありません。教団内で、「総裁先生」と呼びなさいと強制するような教育もありませんでした。他の子供たちの証言からも、みんな、大川総裁のことを「パパ」と呼んでいました。宏洋氏も高校生ぐらいまでは「パパ」と呼んでおり、「先生」と呼ぶようになったのは、学生時代も含め、幸福の科学の仕事を手伝うようになってからのことで、自分から尊敬の意を込めて言っていたのが実情です。

17 ムシ好きだったのは、大川総裁ではなく子供たち

宏洋氏は、大川総裁について、「昆虫《こんちゅう》も好きで、夏に行く軽井沢《かるいざわ》ではよく、虫が集まるよう木に蜜《みつ》を塗《ぬ》ったりライトを当てたシーツを仕掛《しか》けたりしてカブトムシ採りをしていた。『こんなに取れたんだよ』とうれしそうにはしゃいでいた」と書いていますが、ムシ好きだったのは大川総裁ではなく、息子《むすこ》たちのほうです。

子供たちがムシ好きだったので、彼らを喜ばせようと秘書が育てていたものです。ちなみに、息子たちはムシ好きのため、誰が一番目にカブトムシを捕獲《ほかく》できるかを、表を作って競争していたくらいです。

18 小学生の時に教育担当の秘書がテストの結果を虚偽《きょぎ》報告したという嘘《うそ》

宏洋氏が小学生のときに、「秘書さんは隆法夫妻にウソをつき続けていた。僕が解答を写した答案用紙にマルをつけ、『宏洋さんはまた満点でした』と言って隆法たちに渡《わた》していたのだ」としていますが、明らかな嘘《うそ》です。

当時の宏洋氏の複数の教育担当者の証言によると、事実として、小学時代の宏洋氏は特に算数があまりにもできないので、間違えた問題は正解を教え、書き写すことで解き方の手順を指導することはしていました。しかし、それをもって百点だと大川総裁に報告するような意味のないことはしていません。宏洋氏が僧団《そうだん》を貶めるための悪意に基づいた捏造に他なりません。

19 中学生以降、家族との夕食や団欒《だんらん》に参加していなかった宏洋氏

「夕食は家族七人で取ることになっていた」としていますが、中学時代から、宏洋氏は、普段《ふだん》は家族の食事に参加することはなく、高校時代には、幸福の科学職員寮の一室で一人暮らしをすることになり、その後も、宏洋氏が、家族の夕食や団欒《だんらん》に参加することはほとんどありませんでした。

ある週刊誌の取材に対して、「夕食後に毎日五人から十人の霊言《れいげん》を聞かされた」などと話していますが、そもそも、毎日、家族との夕食にも団欒にも参加していない宏洋氏が体験したはずもないものであり、これも事実に反します。

20 高校時代に月五万円の生活費では足りなかったという虚偽《きょぎ》

「五万円の生活費ではぜんぜん足りず、いつも月末には友達に借金をしてしの

いでいた」としていますが、事実に反します。

高校時代に、服装が乱れたり、髪《かみ》を赤く染め出したときに、当時の母親と大喧嘩になり、それがきっかけで、職員寮の一室に移り住むことになりました。母親から、「普通の生活をしなさい」と言われ、「家賃も電気代も要《い》らないから、まず五万円でやってみなさい」という話に、本人も承諾《しょうだく》の上で、「親に迷惑《めいわく》をかけません」と言って自活を始めましたが、その月のうちに宏洋氏のほうから、「これじゃあ足りない」と追加を請求《せいきゅう》してきたので、それに対して、当時、宏洋氏に必要分を渡し、結果的にその月は、八万円以上渡しています。そして、二～三カ月後には、月十万円を宏洋氏に渡すことになりました。

また、洋服代は、別途《べっと》請求が来て、追加ですべて出しており、シーズンごとに五万円ぐらい請求が来ており、毎月平均して、新入社員並みのお金をもらい、家賃と水道光熱費の負担はゼロで生活していたというのが事実です。

21 結婚《けっこん》のときに両家の顔合わせが叶《かな》わなかった背景事情

建設会社に出向中だった宏洋氏が、突然、静養中の大川総裁のところに来て、「正社員になりたいので取り計らってほしい」とお願いし、帰り際《ぎわ》、「子供ができたので結婚《けっこん》します」と言って帰っていったことがありました。その後、宏洋氏は親に何の話もなく入籍し、顔合わせする段になりました。そのときに大川総裁が「結婚には強く反対で、両家の顔合わせもすっぽかした」と宏洋氏は言っていますが、実際は違います。

顔合わせの前々日の午前三時ごろ、大川総裁の胸のあたりが、いつになく痛くなるという状況があり、過去に心臓のご病気もされて、宏洋氏の件で心労が重なりピークに来ていたこともあったため、秘書のほうで、「病院に行ってください」と話し病院に行ったところ、いったん入院となりました。

医師からは「精密検査が必要なのでしばらく入院するように」とのことでしたが、家で無理をせず、安静にすることを条件に、当日中に退院したものの、「ドクターストップ」であったため、秘書のほうでお詫《わ》びし説明することで、了承《りょうしょう》いただいたという経緯があります。宏洋氏にも大川総裁の状況を説明して、顔合わせに参加できない旨《むね》を伝えましたが、大川総裁のことは一切《いっさい》心配せずに、不満だけを述べているような自己中心的な態度でした。

22 宏洋氏はウソ霊言《れいげん》で視聴《しちょう》回数をかせごうとする、あさはかな騙《だま》しの行為《こうい》は慎《つつし》むべき

この書籍では「隆法に訴《うった》えられていた僕にはいっこうに霊は降りてきてくれない」と自分自身で語っていますが、一方で、宏洋氏は、YouTube動画やイベント等で、「霊言」と称して、あたかも自らが霊を降ろしているかのように演技し

ています。自身には霊言は降りてこないことを自覚しながら、ウソ霊言で視聴《しちょう》回数をかせごうとする、あさはかな騙《だま》しの行為《こうい》は慎《つつし》むべきです。

また、本書のなかで「大川総裁が失恋してから霊言が降りてきた」などと霊言を貶めています。そもそも、霊言とは失恋したらできるようになるものではなく、自分自身の自我や、思い込み、刷り込みが入らないように、絶えざる精神修行《しゅぎょう》を必要とします。

大川総裁は最高の霊能者であり、その霊言は本物です。宏洋氏は「最初のころの隆法はビビッていたらしい」などとしていますが、全くの作り話です。霊との交流は大川総裁にとって日常そのものであり、立宗までの五年間、日蓮《にちれん》や空海《くうかい》、イエス・キリストなどの高級霊の霊言を収録し、蓄積《ちくせき》しながら、慎重《しんちょう》に探究を重ね、間違いがないと確信した真理のみを発表するという姿勢を堅持《けんじ》されていたというのが事実です。

大川総裁の降ろす霊言は、霊界の存在証明であるのみならず、人間は死後も個性ある霊としてあの世で存在し続けるという真実を明らかにしています。波長同《はちょうどう》通《つう》の法則通り、信仰心が薄《うす》く、教学もせず、社会的教養もないような宏洋氏に高級霊が降りるわけがありません。

23 乗せられ、建設会社を辞《や》めたという嘘《うそ》

また、「まんまと隆法に乗せられ」、建設会社を「辞《や》めてニュースター・プロダクションの社長の座に収まった」というのも事実に反します。事実としては、宏洋氏は「このまま建設会社にいても、地方に飛ばされる」などといった愚痴《ぐち》を言い続け、辞めたいとごねているのを見かねて、大川総裁の温情で幸福の科学の芸能部門に配属されたにすぎません。

また、芸能の仕事については、自分のほうからやりたいと言ってきていました。

本書で宏洋氏は「映画事業をやらせて客寄せパンダにするくらいの価値はあると思っていたのかもしれない」などとしていますが、そのような事実は全くありません。

24 裁判で否定されている学歴信仰《しんこう》に関する発言を繰《く》り返す宏洋氏

本書では、大川総裁が「宏洋は麻布《あざぶ》高校から東大法学部に行け」と述べていて、「東大・早慶《そうけい》以外は大学じゃないという立場」であったなどとしていますが、このような事実はありません。

この点について、宏洋氏と文藝春秋《ぶんげいしゅんじゅう》社を相手とする裁判の地裁判決でも、大川総裁が「そのような教育方針をとっていたという記載と（客観的事実が）整合しない」と認定され、完全に否定されています。

また、大川総裁は法話「苦しみの世界」（二〇二二年二月二十五日説法《せっぽう》）のなかで、他大学も公平に評価されています。また、むしろ東京大学では、実社会で必要とされていることを教えておらず、商社などの実力主義社会では、必ずしも成功するとは限らないとも語っておられます。宗教的には、謙虚さや地道な修行に耐《た》える雑巾《ぞうきん》がけ根性《こんじょう》や、人が感動して涙《なみだ》を流し、信仰《しんこう》に入るような言葉を使えなくてはならず、情緒《じょうちょ》など、受験とは別の種類の実力を必要とするとも指摘されています。

25 宏洋氏が正式に後継者《こうけいしゃ》だったことは一度もない

本書で宏洋氏は、自身がさも後継者《こうけいしゃ》であったかのように述べていますが、これも事実に反します。宏洋氏が、正式に当教団の後継者であったことは一度もありません。

26 裁判で虚偽《きょぎ》だと認定された「結婚《けっこん》強制」を再び持ち出す悪質さ

宏洋氏は、本書のなかで「結婚《けっこん》させられそうになった」などとしていますが、この〝結婚強制〟について東京地裁は、「真実であると認めることはできない」とし、宏洋氏と文藝春秋社の共同不法行為であるとして、三百三十万円の損害賠償を命じています（東京地裁令和五年五月二十四日判決）。

このように地裁で判決が出ているにもかかわらず、さも真実であるかのように同じ虚偽《きょぎ》を持ち出してくるところに、明白な嘘《うそ》でも百回繰《く》り返せば事実になるとうそぶいたナチス政権にも通じる宏洋氏の悪質さがあります。また、このような虚偽まみれの人物を持ち上げ、三百カ所にも上る虚偽・誹謗中傷に満ちた書籍を出版した幻冬舎も共同不法行為責任を免《まぬが》れ得ません。

27 「オンラインサロン」そっくりという虚偽《きょぎ》

本書中、宏洋氏は、一九八六年の幸福の科学発足《ほっそく》当初、「『学習会』とか『学習の場』という位置付け」であり、「知的に背伸《せの》びしたい会員が集まって」開く

「『オンラインサロン』にそっくり」「宗教っぽくないところが新しかった」などとしていますが、これも虚偽《きょぎ》です。

幸福の科学が発足当初の三年間を「人生の大学院」として学習に重きを置いたのは、一九八七年の幸福の科学発足記念第一回講演会「幸福の原理」において、大川総裁が「探究・学習・伝道の順」を重視され、「まず最初の二、三年の間に、仏法真理《ぶっぽうしんり》の知識を、ある程度体得して、人々に法を説ける人をつくりたい」「小乗《しょう》あってこその大乗《だいじょう》」と語られているように、「講師の養成」、「伝道の核《かく》になる人の養成」を進めるためでした（『幸福の科学の十大原理（上巻）』より）。

それは、将来の全国伝道、海外伝道を見据《みす》えた基礎《きそ》づくりのためであり、当初から、人類幸福化運動として純粋《じゅんすい》な使命感をもとに集《つど》っていた宗教的な団体だったことは明らかです。

宏洋氏は幸福の科学の信者について「大川隆法ファンクラブみたいなもの」

「行き場のない承認欲求を抱えている主婦」などと揶揄《やゆ》していますが、一時期でも籍を置いた者として恥《は》ずかしくないのでしょうか。

28 考えることをやめなさいという曲解《きょっかい》

本書のなかで宏洋氏は、考えることをやめなさいというメッセージが幸福の科学の教えの根底にあり、信者は「思考停止しても生きられる」としていますが、これは、その前提部分を無視し一部を切り取った悪質な曲解《きょっかい》であり印象操作です。

幸福の科学の基本教義は、「正しき心の探究」であり、「探究する」ということは、私たちが主なる神によって創られた存在であることを信じ、主なる神が示される善悪の価値基準に基づいて、「自ら考える」ことに他なりません。反省法の一つである「八正道《はっしょうどう》」においても「正思《しょうし》」の項目《こうもく》があり、反省を通じて智慧《ちえ》を得るには正しく考える必要があります。自らの不幸や苦しみの原因を自ら探究し、その原因を自己の思いと行動の過ちのなかに探《さぐ》り当て、自ら修正していくことが信者の日々の務めであり、「シンカブルマン：Thinkable Man（考える人）」になることが勧《すす》められています（『政治哲学の原点』より）。

また、宏洋氏は、大川総裁について「反省ができない」「足ることを知らなかった」などと本書で虚偽を繰り返していますが、反省できなかったのは、信仰や教えを理解できない宏洋氏であったことは明らかです。

29 教義に関する誹謗中傷《ひぼうちゅうしょう》

宏洋氏は、幸福の科学の教義にある多次元世界の構造について、「メジャー宗教とＳＦとオカルトをミキサーで混ぜて発酵《はっこう》させたよう」「誰も理解なんてしていないと思う」などとし、さらに「七次元界は……なんだっけ、忘れた。歴史上の偉《い》人《じん》がいるんだったかな？」と全く理解できていないことを自ら露呈しています。

しかし、幸福の科学の基本教義は、「正しき心の探究」と「四正道《よんしょうどう》（愛・知・反省・発展）」という分かり易《やす》い教えであり、基本書『太陽の法』では、愛の段階、悟《さと》りの構造についても、「愛の発展段階説」で架橋《かきょう》される形で、現代人に分かり易く説かれています。宏洋氏は「幸福の科学が信者を増やせた理由のひとつは隆法の『東大法学部卒』という肩書《かたがき》にあったと考えている」などとしていますが、ここに宏洋氏の学歴コンプレックスが垣間《かいま》見えます。

30 「金集め」が目的で宗教化したという虚偽《きょぎ》

本書で宏洋氏は、大川総裁が商社財務部で「金の貯《た》め方を学んだ」「お金への志向は、宗教へのこだわり以上に強かった」などとしていますが、そのような事実はなく、世界を代表する宗教家に対する侮辱《ぶじょく》です。

大川総裁が立宗してからしばらく経《た》った頃の話として、引っ越《こ》しをしたときに、商社マン時代の預金通帳が出てきて、「私は、こんなところに、こんな預金を持っていたのか」と驚いたことがあったといいます。会社を辞めて独立したときに、三百万円ぐらいの預金を持っていたそうですが、それをまったく使わずに、資本金ゼロで幸福の科学を始め、何年も経ってから、その預金通帳が出てきたということです。質素倹約《しっそけんやく》を旨として生活されていたことが偲《しの》ばれるエピソードです。

また、大川総裁が商社時代に財務部で担当していたのは、外国為替と全社的な資金計画であり、「金の貯め方」ではありません。会社の経営そのものです。宏洋氏は、当時の総合商社の財務部門は金融の世界のトップランナーで、優秀な人材が集まっていたことを知らず、そもそも財務の仕事への無知が表れています。

宗教の布施《ふせ》は、神仏に対する感謝と報恩《ほうおん》の心でもって捧《ささ》げられるのが本来のあり方です。神仏やその代理人としての存在に対する感謝の心、真心の表れであるとともに、信者としては一つの修行と位置づけられるものです。宏洋氏は「教団へのお布施は税務上の寄付扱《あつか》いになるので、節税にもなる」とし、まるで経営者が節税目的でお布施をしているかのように事実に反することを述べていますが、信仰心の侮辱以外の何物でもありません。また、お布施が税務上の寄付扱いにならず、節税にはならないという事実を知らずに述べている点、あまりにも無知です。

31 政界進出のためにお金を貯《た》めていたという虚偽《きょぎ》

宏洋氏は、大川総裁が「宇都宮《うつのみや》時代（96年～98年）以降は、政界進出のために静かに金を貯《た》めていた」としていますが、全く事実に反します。

一九九五年まで東京ドームなどの大規模会場での講演会を中心に、幸福の科学の活動が行われていましたが、経営学者・ドラッカー氏守護霊《しゅごれい》によるアドバイスもあり、「宗教としての永続性」を固めるために、宇都宮に総本山《そうほんざん》をつくり、その後、全国に精舎《しょうじゃ》や支部精舎を建立《こんりゅう》していった、というのが事実です。

宇都宮時代に、大川総裁の講演会を中心とした個人の仕事から、教団としての組織の仕事へと大イノベーションが始まり、「宗教としての基盤《きばん》」を固めていったのであって、政界進出のための準備では全くありません。そもそも、幸福実現党を立党し、政治活動に乗り出したのは二〇〇九年以降の話で、大幅に時期がずれており、全く的外れの指摘です。

32 お布施《ふせ》は「クラウドファンディング」「ネットゲームの課金」とは別次元のもの

本書で宏洋氏は、信者が捧げる布施《ふせ》について、「クラウドファンディングに近い」、「ネットゲームの課金みたいなもの」などとしていますが、布施とは何かが全く分かっていません。

宗教における布施とは、単なる金銭契約《けいやく》や対価のある支払《しはら》いではありません。

差し出す信者にとって「人間の魂《たましい》の向上」となり、同時に、仏国土《ぶっこくど》建設のためになる、「与える愛」の実践《じっせん》そのものです。見返りを前提としたり、人目を考えて、虚栄心、見栄《みえ》からお布施をするのでは、布施をしようとする人の心に穢《けが》れがあるということになり、もはや真の布施として成り立ちません。布施とは、非常に清々《すがすが》しく、爽《さわ》やかな、執着《しゅうちゃく》のない心で行うものであるからこそ、一つの尊い宗教修行になっています。こうした宗教的修行としての布施の意義が分からない宏洋氏に、布施を語る資格はないでしょう。

33 聖なる宗教儀式《ぎしき》の尊さを穢《けが》す宏洋氏

宏洋氏は祈願《きがん》についても「紙っぺらを導師と呼ばれる職員さんが読み上げて、場合によっては簡単な儀式《ぎしき》もやる」などとしていますが、祈願文《もん》は神仏より地上に降ろされた聖なる経文《きょうもん》です。また、祈願は神仏の光をいただき、聖なる霊域《れいいき》で行われる厳《おごそ》かな宗教儀式であり、その尊さを穢《けが》すことは到底許されないことです。

34 袈裟《けさ》やスーツなどに関する悪質な虚偽《きょぎ》

大川総裁が行事の際に身に着ける袈裟《けさ》などについて、一回しか使わないものにお布施を無駄《むだ》に浪費しているなどと批判していますが、全く事実に反します。

大川総裁が身に着ける袈裟などは何回も使用していますし、使われている装飾は主にビーズや人工石などガラス製のもので、決して高価なものではありません。

また宏洋氏は「スーツは特注だ」としていますが、これも事実ではありません。スーツやジャケットについては、年間三十着程度を組み合わせることで、年二百回から三百回程度の説法《せっぽう》に対して、同じ衣装を何度も着ているように見えないよう工夫《くふう》されています。こうした、教団内の基本的な状況すら知らないということは、教団職員当時の宏洋氏が、いかに大川総裁との関わりが薄かったかを示すものです。

35 大川総裁のテレビ出演に関する虚偽《きょぎ》

宏洋氏は、「一九九一年に『サンデープロジェクト』（テレビ朝日）でジャーナリストの田原総一朗《たはらそういちろう》さん（以下「田原氏」という）と対談をしたんだけれど、これがひどかった」としていますが、全くの虚偽《きょぎ》というほかありません。

事実はその反対であって、大川総裁の自在な切り返しは見事だったというのが当時の評判でした。ちなみに同番組では、田原氏の希望で行われ、生放送中に視聴率が上がってきたため、「後の企画を潰《つぶ》してもよいので続けてください」との要望で大川総裁は最後まで出演し続けることになり、大川総裁の出演場面で、十七・六パーセントと、当時の「サンデープロジェクト」としては過去最高の視聴率でした。

36 大川総裁の英語力を疑う記述について

海外の信者を対象とした講演で「『何を言っているかわかりません』という感想がでてくるほど」の英語力などと言っていますが、全く事実に反します。会場内で講演の音声が聞き取りづらい人がいたということを歪曲化《わいきょく》したものです。

大川総裁は、総合商社時代に、国連英検「特Ａ級」を取得し、ニューヨーク市立大学の大学院のゼミの入室面接試験で、教授から「パーフェクト・イングリッシュ」という評価でパスし、ネイティブと共に国際金融のゼミに参加し、最先端の金融理論を学びました。

また、英語説法百五十本以上、大規模な会場を含めて海外英語講演を海外十三カ国で二十回行い、英語での質疑応答も行《おこな》っております。いずれも原稿《げんこう》なしの真剣勝負で行い、総裁の英語説法を聴《き》いた、有識者やジャーナリスト、マスメディア関係者を含む、数多くのネイティブ・スピーカーから感動の声が数多く寄せられています。その英語説法は、各国の国営放送を始め、テレビ、ラジオでも放送され、数千万人、国によっては三億人ぐらいの人々に感動を与えました。

スリランカで一万人以上を集めた英語講演会においては、一般《いっぱん》参加者が感動し、七割以上がその場で信者になることもありました。

37 「スマートフォンを置いて本を読もう」の真意

宏洋氏は、大川総裁がデジタル音痴だから「スマートフォンを置いて本を読もう」と言われたかのように述べていますが、事実に反します。

大川総裁は、『老いて朽《く》ちず』のなかでこの提言をされましたが、その意味するところは、決してスマートフォンの利便性を否定するものではありません。その背景には日本人の年間読書量が十二冊から十三冊と、月に一冊程度まで低下していたことが挙げられます。

読書、すなわち活字を読むことは、精神力や忍耐力《にんたいりょく》を鍛《きた》え、克己心を養う上で非常に役に立ちます。良書を読み続けることで、自分が変わっていき、人生を豊かにすることができることを改めてPRすることで、日本人の精神性を上げていきたいという願いが込められていることを、宏洋氏は知らなくてはなりません。

38 「アクティブな信者は一万三千人」という虚偽《きょぎ》

信者数についても宏洋氏は、前著と全く同じ虚偽《きょぎ》を平然と述べています。二〇一七年には東京ドームの大講演会を、参加者五万人、全世界三千五百カ所同時中継で行《おこな》っているにもかかわらず、当時の幸福の科学のYouTubeチャンネル登録者数を根拠《こんきょ》に、「信者の実数は一万三千人しかいない」などとしています。教団収入や財政事情についても当教団の実態と全く異なる発言をしています。

幸福の科学の信者数は年々着実に増え続けています。公益財団法人庭野《にわの》平和財団が「世論調査：日本人の宗教団体への関与《かんよ》・認知・評価の二十年」として、二〇一九年に日本人の宗教観調査の実施結果を公表したなかで、新宗教のなかでは、幸福の科学のみがここ二十年で知名度を上げている、とする結果も出ており、発展し続ける当教団の状況が第三者機関の調査でも明らかになっています。

39 「自分が総理大臣になるための政治進出」という虚偽《きょぎ》

宏洋氏は、幸福の科学の政治進出について、大川総裁が「総理大臣になって日本を動かす」ためとしていますが、このような発言をされたことはありません。宗教家として全人類救済を目指しておられる大川総裁は、教えのなかで、この世の権力や地位にとらわれることの危険性を厳しく指摘しておられます。

また、幸福実現党は、「神仏の存在を認め、正しい仏法真理を信じる人々の力を結集して、地上に現実的ユートピアを建設する運動を起こす」ために設立されたことは、当初から明言されていますし、「宗教活動が届かない範囲《はんい》までも、具体的に人々の幸福を実現していくため」であると語られています。

40 最高裁で確定した「数百億円の赤字という虚偽《きょぎ》」を繰《く》り返す

宏洋氏は幸福の科学が、「近年は、多いと数百億単位の赤字を出していたはず」などとしていますが、これも前述の文藝春秋社から出版した著作で、裁判所の認定が最高裁で確定した虚偽《きょぎ》のなかの一つです。最高裁で負けても平然と同じ虚偽を述べるという違法行為を繰《く》り返す宏洋氏は、遵法《じゅんぽう》精神に欠けている人物と言わざるを得ません。

41 間違《まちが》いだらけの組織図

宏洋氏は、当教団の組織図を掲載しておりますが、多数の間違《まちが》いがあり、実際の組織とは全く違うものです。また、宏洋氏は、大学を出た妹について、「その後教団の副理事長兼《けん》総裁理事長に就任した」としていますが、当教団には、副理事長兼総裁理事長なる役職は存在しません。同じく「献本菩薩《ぼさつ》」などの呼称も存在しません。

いい加減な記憶《きおく》で、勝手に間違った組織図の掲載や存在しない役職の記載をすることは、宏洋氏の他の記述もいかに間違いだらけのものであるかを示す証左《しょうさ》です。

42 家族の過去世《かこぜ》が変えられているという虚偽《きょぎ》

本書では、家族の「過去世《かこぜ》を妖怪《ようかい》に変えられてしまった」などとしていますが、そのような事実はありません。妖怪「お多福《たふく》」は、天照大神《あまてらすおおみかみ》の恐怖《きょうふ》の変化身《へんげしん》がそうなる場合があるというもので、宏洋氏が言う「設定変更」ではありません。

また、大川紫央《しお》総裁補佐《ほさ》が、子息に「悪魔《あくま》の血が半分入っている」などと言っているという事実はなく、全くの作り話です。

43 大川総裁のことを「一種の独裁者」「ワンマン」と称《しょう》する虚偽《きょぎ》

宏洋氏は、大川総裁のことを「一種の独裁者」「ワンマン」「少しでも自分に脅威《きょうい》になりそうな人間はどんどんクビにした」「周囲にはイエスマンしか残っていなかった」などとしていますが、全く事実に反します。

実際、大川総裁の秘書経験がある幹部職員は、書籍『宏洋問題「甘《あま》え」と「捏造」』のなかで、こう証言しています。

「（宏洋氏は）宗教だから、全部、総裁先生が独裁的に決めていると発信し、印象操作したいのでしょう。しかし、総裁先生はよく弟子《でし》の意見も訊《き》かれていました。『〇〇さん、あれどう思う?』と言って。それで、私も自分の意見をキチッと言うことにしているので、こういう観点から、こうしたほうがいいと思います』と言ったら、『ああ、なるほど』って、本当に素直《すなお》に聞いてくださるんですよ。

あるときは、『いや、その案件については、こういう感じの進め方のほうがいいんじゃないでしょうか』と言ったら、『ほう、そういう考え方があるか』って言われて受け入れてくださったので、そのときはすごく畏《おそ》れ多かったですね。弟子の言うことは、一切聞かんとか、そういう発想は全然ないですよ」

このように、宏洋氏の言うことは、まず嵌《は》め込みたい「型」を決めて、事実に関係なくその型に嵌めるための嘘をつきまくる、というスタイルです。決して信用してはいけません。

宏洋氏は大川総裁について、「少しでも有能だったり反抗《はんこう》的な職員がいたらすぐに嗅《か》ぎ付けてクビにする」などとしていますが、そのようなことは一切ありません。大川総裁は、経営担当者を養成し、各人の能力に応じた適材適所《てきざいてきしょ》の人事を実践してこられました。また、若手の抜擢人事も積極的に行われております。自分より若い人の意見も受け容《い》れようとすることの大切さや諫言《かんげん》の大切さも説かれています。

「人事はその人の長所に光をあてて育てつつ、短所の害が大きくなると、ためらわず人事異動を断行した。しかし、一度の失敗で負け犬のレッテルをはることは避《さ》け、ローマ軍方式で何度でも敗者復活戦を許した。結果的に、多数の幹部が養成され、事業の多角化、グループ化が進んだ」（『経営戦略の転換点』より）と説かれているように、幸福の科学が一代で日本を代表する大教団となり、世界百六十九カ国に広がっているのは、こうした大川総裁の強い人材養成の思いと実践があったからに他なりません。宏洋氏は「あいつにやらせると、裏切られるかもしれない」が大川総裁の口癖《くちぐせ》だったとしますが、全くの作り話です。

また宏洋氏が、講演会で参加者から集めた感想について、「批判的な感想は秘書のところで止め、隆法には見せないようになった」と、いかにも周囲をイエスマンで固めているかのように書いていますが、講演会の感想を大川総裁に報告する際に、秘書で止めたというようなことは一切ありません。

なお、大川総裁は会社の社長ではなく、教祖であり、人類を導くグランドマスターです。宏洋氏は、大川総裁をこの世的に、会社の社長のようにしか捉《とら》えられていません。そもそも、宗教における師弟《してい》の道を理解できず、幸福の科学の修行にもついていけず、破門された宏洋氏は批判できる立場にありません。

44 重要な情報が偽装《ぎそう》されているという虚偽《きょぎ》

宏洋氏は、大川総裁の周囲の人々が信者数などの重要情報を偽装《ぎそう》しているかのように述べていますが、全く事実に反します。大川総裁には定期的に伝道数や信者実数などが正確に報告されており、宏洋氏が言う「重要な情報を偽装」することはありません。

また、大川総裁が決めたノルマがトップダウン式に全国にある支部に下りてくるというような事実もありません。

45 手術していないのに、「手術に成功して一命をとりとめた」とする虚偽《きょぎ》

宏洋氏は、大川総裁が「心不全」等で入院された際（二〇〇四年）のことについて、「手術に成功して一命をとりとめた」としていますが、全く事実ではありません。当時、大川総裁は、手術を受けることなく回復されています。ここにも、宏洋氏がいかに大川家で起きていることの真実を知らず、虚偽《きょぎ》ばかりを述べてい

るかということの証左があります。

46 哀《あわ》れで孤独《こどく》な老人という虚偽《きょぎ》

宏洋氏は、大川総裁が「人間を信頼できない」性格で、幹部を「どんどん切り捨てていった」などとしていますが、そのような事実はありません。また、「哀《あわ》れで孤独《こどく》な老人」などとしていますが、全くのいいがかりです。大川総裁は子息にも、親として、してやれることを最大限されましたが、その本来の使命は、やはり世界の人々に、救世の言葉を遺し続けることであり、その公的使命を果たし続ける大川総裁に対する教団信者の信仰心は一層揺るぎないものになっています。

一方の宏洋氏は、育てていただいた感謝の気持ちもなく、遺産相続のみを求める親不孝ぶりです。

47 「人は神にはなれない」という宗教的無知

宏洋氏は本書の最後で「人は神にはなれないらしい」と締《し》め括《くく》っていますが、これは「人間の本質には神仏と同質のものが内蔵されているため、修行をしていったときには人間は神と一体になっていくことができる。神仏そのものに人間が変わっていくことができる」という考え方を持つ、仏教をはじめとした「神人合一型宗教」全てに対する否定です。

大川総裁はイエス・キリストやモーセ、孔子《こうし》らの救世主を地上に送り出した地球神であり、人類史上最高の悟りを開いた覚者、大救世主です。その人生は、すべて全人類に捧げられており、今後数千年にわたって人類が手本とする究極の理想像です。世界の人々が地球神エル・カンターレとして全身全霊で祈《いの》りを捧げる「信仰の対象」に対して、「自己愛が強くて傲慢」「人は神にはなれない」などという全く誤ったレッテルを貼《は》ることは、無知に基づく侮辱であるとともに、尊い信仰を傷つける許しがたい行為です。

48 宏洋氏の虚偽《きょぎ》を鵜呑《うの》みにする小川寛大《おがわかんだい》氏の罪

巻末の解説を執筆《しっぴつ》している宗教ジャーナリストの小川寛大《おがわかんだい》氏は、「卑屈で、（中略）いじけた青年」だというのが、大川総裁の「本質だった」などと、宏洋氏の虚偽《きょぎ》・誹謗中傷を鵜呑《うの》みにしていますが、前提となる事実の確認を怠《おこた》っている点で、失格です。言い訳のように、小川氏は、教祖の素顔は「容易にうかがい知ることができない」とし、宏洋氏の虚偽を「極《きわ》めて貴重な記録」などと持ち上げていますが、これでは、かつてオウム・麻原《あさはら》に騙された宗教評論家と同じ失敗を繰り返していると言わざるを得ないでしょう。

その宗教の本質は、その信者たちに結実します。「麻原彰晃《あさはらしょうこう》ほど大それたことができず、幸福の科学もどこか半端《はんぱ》な形で残ってしまった」という論評は、世界百六十九カ国に広がっている幸福の科学に相応《ふさわ》しいものなのか。〝宗教ジャーナリスト〟としての資質を疑われるような文章だと言わざるを得ません。

49 「言論の自由」をはき違《ちが》えた幻冬舎《げんとうしゃ》の責任

憲法では「言論の自由」が保障されていますが、間違《まちが》った言論で多くの人を不幸に陥《おとしい》れ、間違った結果に導いていくようなものであれば、当然ながらその責任は著者のみならず、編集者やその本を発刊した出版社のトップにも生じます。幻冬舎《げんとうしゃ》代表取締役《とりしまりやく》の見城徹《けんじょうとおる》氏は、これを機に、出版人が本来果たすべき社会的使命について真摯《しんし》に思いを巡《めぐ》らせ、本道《ほんどう》に立ち返るべきではないでしょうか（第4章参照）。

第2章

宏洋《ひろし》氏の裁判十連敗の記録

幸福の科学 広報局

宏洋氏の裁判十連敗の記録　一覧

宏洋氏側

文藝春秋発刊書籍の名誉毀損訴訟

事案内容	裁判所の判断			補足
株式会社文藝春秋から発刊された宏洋氏著作の単行本『幸福の科学との訣別』が問題となった事案（大川隆法総裁の「霊言」の収録に際して、大川総裁が守護霊霊言の失敗で大恥をかいた、二〇一七年に幸福の科学は数百億の赤字だった等）。	二〇二二年、東京地裁は、宏洋氏と文藝春秋社に対し、百二十一万円の損害賠償命令（東京地裁令和四年三月四日判決）。	二〇二二年、東京高裁は、東京地裁判決を維持（東京高裁令和四年十一月二十四日判決）。	二〇二三年、最高裁も、上告受理申立を却下（最高裁令和五年八月二十四日決定）、幸福の科学勝訴が確定。	宏洋氏は、YouTubeで、敗訴になった責任を全く省みない無責任な発言。
	敗訴 1	敗訴2	敗訴 3	

週刊文春記事の名誉毀損訴訟

事案内容	裁判所の判断	
宏洋氏のインタビュー記事が掲載された週刊文春記事が問題となった事案（大川総裁が宏洋氏に有名タレントとの結婚を強制しようとした、大川総裁が極端に行き過ぎた学歴主義の教育方針をとっていた等）。	二〇二三年、東京地裁は、宏洋氏及び文藝春秋社に対し、三百三十万円の損害賠償命令（東京地裁令和五年五月二十四日判決）。	二〇二三年現在、東京高裁に審理が係属。
	敗訴 4	

訴訟	事案内容	裁判所の判断	
YouTube 動画の名誉毀損訴訟	宏洋氏の YouTube 動画が問題となった事案（幸福の科学では人が死ぬ事件がいっぱい起きている、幸福の科学の芸能プロダクションは所属タレントを二十四時間監視している、大川総裁は映画製作に関して素人以下等）。	二〇二二年、東京地裁は、宏洋氏に対し百三十二万円の損害賠償と三つの関連動画の削除命令（東京地裁令和四年一月二十一日判決）。	敗訴 5
		二〇二二年、東京高裁は、東京地裁判決の認定を維持し、さらに名誉毀損の認定部分を加えて、損害賠償額を二百二十万円に増額、四つ目の動画の削除命令（東京高裁令和四年九月二十九日判決）。	敗訴 6
		二〇二三年、最高裁も、上告・上告受理申立を却下（最高裁令和五年五月二十四日決定）、幸福の科学側勝訴が確定。	敗訴 7
映画ＤＶＤ等の発刊妨害訴訟	宏洋氏の誹謗中傷により映画ＤＶＤが発刊できなかったこと等が問題になった事案。	二〇二三年、東京地裁は、宏洋氏に対し十七万円の損害賠償命令（東京地裁令和五年八月二十四日判決）。	敗訴 8
		二〇二三年現在、東京高裁に審理が係属。	

事案	事案内容	裁判所の判断	
宏洋氏による損害賠償訴訟	宏洋氏が大川総裁の著作である霊言集『実戦・悪魔の論理との戦い方―エクソシズム訓練―』を問題にして大川総裁を名誉感情侵害などとして訴えた事案。	二〇二二年、東京地裁は、宏洋氏の請求を棄却（東京地裁令和四年十二月十五日判決）。 二〇二三年現在、東京高裁に審理が係属。	敗訴9
街宣禁止仮処分	宏洋氏が閑静な住宅街に所在する宗教施設前で、二百名程度が集う大音量デモを行うとしたことが問題になった事案。	二〇二三年、東京地裁は、宏洋氏らに対し街宣禁止を命ずる仮処分決定（東京地裁令和五年三月三日決定）。	敗訴10
幻冬舎発刊書籍の仮処分	株式会社幻冬舎から発刊された宏洋氏著作の単行本『神になりたかった男　回想の父・大川隆法』の表紙が問題になった事案。	二〇二三年、東京地裁が、出版差止めを認める見通しになり、幻冬舎側は表紙差し替えに追い込まれた。	

宏洋《ひろし》氏は、幸福の科学側を原告とする名誉毀損《めいよきそん》裁判で、合計十二カ所の名誉毀損により、合計六百七十一万円もの損害賠償《ばいしょう》が命じられ、幸福の科学グループとの裁判において、「十連敗」というあまり類例を聞かない記録を作っている人物です。

これらの判決では、自《みずか》らの実体験と称《しょう》して公表した発言を含《ふく》め、その発言に多くの虚偽《きょぎ》が含まれていることが、当事者双方《そうほう》の主張や証拠《しょうこ》関係を慎重《しんちょう》に審理《しんり》した上で、繰《く》り返し明らかになっています。

その一連の裁判の内容は、以下のようなものです。

1　文藝春秋《ぶんげいしゅんじゅう》発刊書籍《しょせき》の名誉毀損訴訟《めいよきそんそしょう》

株式会社文藝春秋が発刊した宏洋氏著作の単行本『幸福の科学との訣別《けつべつ》』が問題となった事案で、二〇二二年、東京地方裁判所は、宏洋氏及《およ》び株式会社文藝春秋に対し、共同不法行為《こうい》として百二十一万円の損害賠償を命じました（東京地裁令和四年三月四日判決）。

同書籍で、宏洋氏は、①大川隆法《おおかわりゅうほう》総裁の「霊言《れいげん》」の収録に際して、大川総裁が守護霊《しゅごれい》霊言の失敗で大恥《おおはじ》をかいたと称して、野田《のだ》総理（当時）の守護霊霊言が収録された際、実際の野田総理が解散総選挙をすると宣言して報道されていたにもかかわらず、野田総理の守護霊が解散総選挙はしないと言ってしまい、収録現場が騒然《そうぜん》となったという趣旨《しゅし》の詳細《しょうさい》かつ具体的なエピソードや、②二〇一七年に幸福の科学は数百億の赤字だった、③幸福の科学では退職時に信仰継続《しんこうけいぞく》を強要される、④幸福の科学は医療《いりょう》や科学技術を否定しているなどの虚偽を記述していました。

ところが、①の客観的事実としては、野田総理の守護霊霊言が行われたのは、野田総理の解散総選挙発言が午後になされた当日午前中のことであり、野田総理の解散発言のあとに、野田総理の守護霊がそれと異なる発言をした事実はなく、霊言収録の現場が大混乱したような事実なども全《まった》くありません。宏洋氏は、収録に立ち会っておらず、収録ビデオをあとで見たと称していましたが、法廷《ほうてい》での宏洋氏の証言は、収録現場の様子も異なりますし、収録の出演者も別人と思い込《こ》み、主要な出演者であった職員が「傍聴者《ぼうちょうしゃ》として伝令役をやっていた」と、明確に事実と異なる状況《じょうきょう》を述べるもので、客観的な状況と明らかに矛盾《むじゅん》する、まさに「見てきたかのような嘘《うそ》」と言うべきものでした。

②についても、幸福の科学が二〇一七年に数百億円単位の赤字になった事実などもありませんから、当然のことながら、宏洋氏は自らの記述の正当性を示すことは何もできませんでした。

東京地裁判決は、宏洋氏が「十分な資料又《また》は根拠《こんきょ》に基《もと》づき本件記述…に及んだと認めるに足りる証拠もない」と指摘《してき》し、幸福の科学勝訴判決を下したわけです。

その控訴審《こうそしん》である東京高等裁判所も、東京地裁判決を維持《いじ》しましたし（東京高裁令和四年十一月二十四日判決）、さらにその上告審である最高裁判所も、宏洋氏及び文藝春秋社の上告受理申立を退《しりぞ》けたことで（最高裁令和五年八月二十四日決定）、二〇二三年、幸福の科学勝訴の東京地裁判決が確定しました。

なお、宏洋氏は、最高裁での敗訴確定を発表するYouTube動画の中で、敗訴になった責任を全く省《かえり》みず、この判決の賠償金については自分が支払《しはら》うのではなく文藝春秋社が支払うので、自分には痛みが何もないという趣旨の無責任な発言をしています。

この事件だけで、宏洋氏は裁判三連敗でした。

2 週刊文春記事の名誉毀損訴訟

宏洋氏のインタビュー記事が掲載《けいさい》された週刊文春記事が問題となった事案で、

東京地方裁判所は、宏洋氏及び文藝春秋社に対し、共同不法行為に基づき三百三十万円の損害賠償を命じています（東京地裁令和五年五月二十四日判決）。

この記事は、大川隆法総裁が宏洋氏に、有名タレントとの結婚《けっこん》を強制しようとしたこと、そのタレントが出家《しゅっけ》して仕事を投げ出したのは、宏洋氏と結婚させるため、大川総裁がそのタレントに連絡したからだったこと、大川総裁が極端《きょくたん》に行き過ぎた学歴主義の教育方針をとっていたこと等の記事部分が問題になりました。

東京地裁判決は、宏洋氏の供述に対し、「不自然さを否《いな》めない」と認定し、文藝春秋社に対しては、「更《さら》なる裏付け取材をすべきであった」、「更に事実関係の調査を尽《つ》くすべきであった」と認定しました。

この判決に対し、宏洋氏側は控訴しましたので、二〇二三年現在、東京高裁に審理が係属していますが、宏洋氏はここまでで裁判四連敗でした。

3 YouTube動画の名誉毀損訴訟

宏洋氏のYouTube動画が問題となった事案で、東京地方裁判所は、宏洋氏に対し百三十二万円の損害賠償と三つの関連動画の削除《さくじょ》を命じました（東京地裁令和四年一月二十一日判決）。

この事件は、二〇一九年に、宏洋氏がYouTubeにおいて、①幸福の科学では人が死ぬ事件がいっぱい起きていて、人が死んでいる場面をいっぱい見てきた、②幸福の科学の芸能プロダクションは、所属タレントを二十四時間監視《かんし》している、③幸福の科学には極《きわ》めて高額な祈願《きがん》がある、④大川総裁は映画製作に関して素人《しろうと》以下であり、幸福の科学は映画事業の適格性がない等の虚偽を公開して名誉毀損したことについて、幸福の科学、アリ・プロダクション、ニュースター・プロダクションが宏洋氏に対して損害賠償を請求する訴訟でした。

これらはいずれも、全くの作り話ないし事実に基づかない誹謗中傷《ひぼうちゅうしょう》でしたから、宏洋氏がその真実性を立証できるはずもありません。東京地裁判決は、①、②、③の発言について、宏洋氏が「本人尋問《じんもん》において、明確に説明することができていない」などとして、その信用性を否定し、「真実であると信じたことについて相当の理由があると認めることはできず、他にこれを認めるに足りる証拠はない」としたものでした。

その控訴審である東京高等裁判所は、東京地裁判決の認定を維持したのに加えて、④についいて、事実に基づかない名誉毀損であることを認めた上で、損害賠償額を二百二十万円に増額し、四つ目の動画の削除を命じました（東京高裁令和四年九月二十九日判決）。

特に東京高裁判決は、宏洋氏について、「名誉を毀損したことについて反省しておらず、その態度は悪質である」とまで認定しています。

その上告審である最高裁判所は、宏洋氏の上告・上告受理申立を退けたことで、幸福の科学側勝訴の東京高裁判決が確定しています（最高裁令和五年五月二十四日決定）。

宏洋氏は裁判七連敗となりました。

4 映画DVD等の発刊妨害《ぼうがい》訴訟

宏洋氏の誹謗中傷により映画DVDが発刊できなかったこと等が問題になった事案で、東京地方裁判所は、十七万円の損害賠償を命じました（東京地裁令和五年八月二十四日判決）。

これは、宏洋氏が、自らが幸福の科学の芸能部門であるニュースター・プロダクションの所属タレントとして幸福の科学の映画に主演したにもかかわらず、その映画DVDの発売前に、大川総裁について非常識きわまりない悪口を大量に

YouTubeで発信するなどしたことで、ニュースター・プロダクションが映画DVDを発刊できず、巨額《きょがく》の損害を被《こうむ》ったこと等に関する損害賠償を求めた訴訟でした。

宏洋氏は裁判八連敗ですが、控訴により、二〇二三年現在、この訴訟は東京高裁に審理が係属しています。

5 宏洋氏による損害賠償訴訟

宏洋氏が大川総裁を名誉感情侵害《しんがい》などとして訴《うった》えた訴訟は、東京地方裁判所に全面的に退けられました（東京地裁令和四年十二月十五日判決）。

これは、大川総裁が収録し発刊した霊言集『実戦・悪魔《あくま》の論理との戦い方――エクソシズム訓練――』に登場した悪魔の発言を取り上げ、その発言によって、自らの名誉感情が侵害され、信教の自由を侵害するなどと主張するものでした。

判決は、名誉感情については、「その態様、程度が著《いちじる》しく侮辱《ぶじょく》的、誹謗中傷的とまでは言い難《がた》い上、原告が、自らSNSや動画公開サイト等において、AV女優との交流を語り、自身の下着姿の写真や性的嗜好《しこう》に類するような内容の投稿《とうこう》を一般人《いっぱんじん》に公開し、被告《ひこく》や幸福の科学の関係者を対象として低俗《ていぞく》な表現で誹謗中傷を行《おこな》ってきたこと等の諸事情…を総合的に勘案《かんあん》すれば、本件各記載が社会通念上受忍《じゅにん》すべき限度を超《こ》えた侵害であるとまで認めることはできない」と認定するなどして、宏洋氏の主張を全面的に退けたものでした。

この訴訟は、宏洋氏が控訴したことで、二〇二三年現在、東京高裁に審理が係属中ですが、宏洋氏は裁判九連敗となります。

6 街宣《がいせん》禁止仮処分

その他にも、宏洋氏は、二〇二三年、某《ぼう》政党のK党首と共同する形で、「住宅街を恐怖《きょうふ》のどん底に、陥《おとしい》れましょう」などと発言しつつ、閑静《かんせい》な住宅街に所在する幸福の科学の宗教施設《しせつ》前で、二百名程度が集《つど》う大音量デモを行うと、YouTubeやツイッター（現・X《エックス》）等で発表しました。

幸福の科学は、これは、東京都の環境《かんきょう》確保条例に違反《いはん》し、周辺住民との関係を破壊《はかい》するものとして、街宣禁止の仮処分を申請したところ、東京地裁は、「本件街宣活動は表現の自由の対象として保護すべき範囲《はんい》を逸脱《いつだつ》している」などとして、幸福の科学の申請どおりの内容で街宣禁止を命ずる仮処分決定を出しました（東京地裁令和五年三月三日決定）。

翌日になって、インターネット等の情報で裁判所の仮処分命令が出されたことを知ったK党首は、裁判所から決定書がまだ送達されていないとして、即日《そくじつ》、緊《きん》急《きゅう》街宣すると宣言し参加者を募《つの》るなどしましたが、その実施直前に裁判所の決定書が送達されたことで、宏洋氏とともに裁判所から「半径三百メートル以内に近づくこと」を禁止された等と発表するなどして、当該《とうがい》宗教施設への街宣デモを断念するに至りました。

宏洋氏は裁判十連敗となったわけです。

7 幻冬舎《げんとうしゃ》発刊書籍の仮処分と名誉毀損訴訟

そして、今回の株式会社幻冬舎から発刊された宏洋氏著作の単行本『神になりたかった男　回想の父・大川隆法』をめぐる裁判です。

幸福の科学は、事前に、いかに宏洋氏の発言等が信用できないかが数多くの裁判で明らかになっていることを指摘し、相当な裏付け取材を行うことなしに宏洋氏の書籍を刊行することの問題性につき注意喚起《かんき》する申入書を幻冬舎（見城徹《けんじょうとおる》社長）宛《あ》てに送付していました。

ところが、幻冬舎はこの申し入れを黙殺《もくさつ》するとともに、発刊前に大々的に公表された書籍の表紙が、幸福の科学の職員が撮影《さつえい》した写真と、やはり職員が作成した半袈裟《はんけさ》を明らかに模写した上で、いずれについても一部改変したイラストが使用されていました。そこで、幸福の科学は、二〇二三年九月七日、著作権侵害及び著作者人格権侵害を理由として、この表紙を用いた書籍の出版差止めを求める仮処分を申請したところ、九月十三日、仮処分が認められる見通しになりました。

幻冬舎側は、裁判所においては頑《かたく》なに表紙の差し替《か》えの勧《すす》めを拒否《きょひ》し、このままの形で出版すると強硬《きょうこう》に主張していたものの、裁判期日の終了《しゅうりょう》後に方針転換《てんかん》せざるを得ず、発刊時期を遅《おく》らせるとともに表紙差し替えを決定したことで、仮処分は幸福の科学側の実質的な勝利となりました。

ところが、幻冬舎が表紙差し替えの上で発刊してきた同書籍は、その内容たるや、まさに事前に申入書で注意喚起したとおり、著者の宏洋氏が事実調査を行ったとは全く思えないずさんな内容で、三百カ所以上に及ぶ虚偽や誹謗中傷が含まれた書籍でした。

そこで、幸福の科学は、同年十月四日、代表的な虚偽に基づく名誉毀損を指摘する損害賠償等請求訴訟を東京地裁に提起しています。

幸福の科学は、これらの訴訟に至る前に、多数の書籍の発刊により反論するという言論手段によって、宏洋氏の誤りや嘘を指摘し続けました。

ところが宏洋氏は、「父親（大川総裁）の悪口を言うと、（YouTubeの）再生回数がピューンって伸《の》びる」などとYouTubeやツイッターで公言しつつ、幸福の科学の指摘を全く受け入れず、誹謗中傷活動を止めようとしなかったため、幸福の科学は致《いた》し方なく、これらの裁判を提訴し、「出る所に出る」ことで、真実を明らかにせざるを得ませんでした。

そして、以上見てきたように、数多くの法廷で、宏洋氏の数多くの嘘が実際に認定されることになり、多額の損害賠償が命じられることになって、嘘に基づく

YouTube動画は削除を命じられることになりました。にもかかわらず、宏洋氏は、裁判所に虚偽と認定されたエピソードについても、繰り返し平然とその嘘を公表し続けています。

幸福の科学は幻冬舎に対して、これらの客観的事実を指摘した上で、慎重な裏付けを取ることなしに安易に今回の書籍を発刊することの問題性につき注意喚起しましたが、幻冬舎は、あえて宏洋氏の数多くの嘘の拡散に加担することになりました。

単なるたとえ話ではなく、「縁起《えんぎ》の理法《りほう》」（因果の理法）はくらませられないという真理を、宏洋氏と幻冬舎は知るべきでありましょう。

第3章

宏洋《ひろし》氏の嘘《うそ》と歪《ゆが》んだ人物像を明かす

幸福の科学 第一、第二経典《きょうてん》・書籍《しょせき》編集局

1　宏洋《ひろし》氏の持つ行動の傾向《けいこう》性を具体的エピソードから明らかにする

本書第1章では宏洋《ひろし》氏の著作『神になりたかった男　回想の父・大川隆法《おおかわりゅうほう》』における嘘《うそ》を取り上げ、第2章では裁判十連敗中の記録について見てきたように、その嘘つきの体質が浮《う》かび上がってきつつありますが、本章ではさらに踏《ふ》み込《こ》み、本人の実像を知っている関係者たちによる証言を公開してまいります。

宏洋氏の虚偽《きょぎ》性については、以前より、その実態を明らかにすべく、膨大《ぼうだい》な時間をかけて関係者から個別に聞き取りを行うとともに、三十人以上の公開座談会等も実施《じっし》して同時に複数人の視点から「事実はどうであったか」を客観的に照合・検証するなど、厳密にその実像を調査してきました。そして、その調査結果の一部を取りまとめ、書籍《しょせき》として八冊（守護霊《しゅごれい》の霊査《れいさ》等をまとめた書籍も含《ふく》めれば計十四冊）を発刊公表し、宏洋氏の虚偽性を指摘《してき》してきました。

氏の発言と、関係者への聞き取りの内容には大きな食い違《ちが》いやズレがありますが、まさにその〝ズレ〟こそ、氏の「嘘」に当たる部分であり、その結果が、前章で述べた「宏洋氏の裁判十連敗」となって、公的にも氏の発言の嘘が認められたという経緯《けいい》があります。

にもかかわらず、いまだに氏は、自身の個人的な負の感情や主観的記憶《きおく》に基《もと》づいて脚色《きゃくしょく》されたストーリーを捏造《ねつぞう》し、嘘をつき続けている状態です。

そこで本章では、改めて、宏洋氏の持つ行動の傾向《けいこう》性を過去の事例から具体的エピソードで示し、その実像を明らかにしたいと思います。

なお、宏洋氏に関わる事実を述べるに当たっては、各人が公明正大《こうめいせいだい》、公平無私《こうへいむし》の精神で臨《のぞ》んでおります。すなわち、仏教に言うところの中道《ちゅうどう》の立場、「白紙の目」で見る立場から発言し、真実を求める心を持って臨んでいることを付記しておきたいと思います。

2 嘘《うそ》で塗《ぬ》り固められた宏洋氏の実像

想像を絶する虚言癖

大川家に〝東大・早慶信仰《そうけいしんこう》〟があるという嘘《うそ》

十代には素行不良や成績不良の問題を抱《かか》えていた宏洋氏。学歴の問題をめぐっては、宏洋氏はしばしば、大川隆法総裁が極端《きょくたん》な学歴信仰《しんこう》発言をしていたかのような虚言《きょげん》を繰《く》り返しており、今回の書籍《しょせき》においても、**「隆法は、『東大・早慶《そうけい》以外は大学じゃない』という立場だった」**（『神になりたかった男　回想の父・大川隆法』八六ページ）としています。

しかし、大川家の家訓として、「東大法学部に行かなければならない」「最低でも早稲田《わせだ》・慶應《けいおう》でなければいけない」といったものがあったわけではないのです。子供たちの進路に関し、大川総裁は、各人の個性と意志を尊重していたというのが実際のところであり、子供たち全員が東大・早慶に行ったわけではありません。

また、大川総裁は、教育において、学力一辺倒《いっぺんとう》の偏《かたよ》った人間にならないよう、「学力だけではなく、人格も鍛《きた》えなければ、人間として大成しない。人から慕《した》われるような人間でなければ、幸福の科学のリーダーにはなれない」といった精神的な面での成長も期待されており、HSU（ハッピー・サイエンス・ユニバーシティ）という大学に当たる部門までつくって宗教教育を推し進めています。それゆえ、東大・早慶至上主義などあるわけがありません。

食事時、大川総裁が一人でしゃべり続けるという嘘

宏洋氏は、父親である大川総裁に対するさまざまな虚言を重ねています。

例えば、極端な人物像を印象づけようと意図的に狙《ねら》ったのか、食事時のエピソードとして、こんな話を紹介《しょうかい》しています。

「精進《しょうじん》料理みたいな食事が並んだ食卓《しょくたく》で、隆法はいつもしゃべりまくっていた。（中略）切れ目なくひたすらにしゃべるから、僕《ぼく》たちは『はい、そうですね』と相槌《あいづち》を打つくらい」（六一ページ）と述べています。

しかし、大川総裁は「私自身も、リビングでご飯《はん》を食べているときに、一方的に話すということも経験がありません」と証言しています。他の家族も、団欒《だんらん》のときには、一緒にテレビ番組を観《み》て、その内容について会話したり、本を読んだりしてくつろぐなど、ごく普通に家族の時間を過ごしていて、宏洋氏のエピソー

ドが実際とは違《ちが》っていると述べています。

あたかも会話が成り立たない人物であるかのような印象操作を意図したのでしょうか。小さなエピソードではありますが、それだけに悪意を感じます。【※1】

（※は章末を参照。以下同）

理事長の重責に耐《た》えられず、自分の恋愛《れんあい》を優先して逃《に》げた宏洋氏

宏洋氏の書籍には教団の理事長職に就《つ》いたことが書かれていますが（一〇〇ページ）、結局は解任になりました。本人は「**理事長とは、回ってきた書類にハンコを押《お》すだけのとても面白《おもしろ》い仕事だった**」と言っていますが、そのとき側近にいた職員によれば、「宏洋氏は、二カ月たつころに、『もう苦しい』『理事長としての仕事が重たい』と言うようになっていた」とのことでした。そしてそのときに、「宏洋氏は『実は、一月《ひとつき》前に、大学時代に付き合っていた彼女とよりを戻《もど》しまし

た』と言った」と証言しています。

その職員は「宏洋氏は理事長の仕事が重くて、仕事から逃《に》げるために女性に走るんじゃないか」と思い、「ここで女性に逃げても、理事長の重みをごまかすことはできませんよ」と伝えたといいます。彼女のところを否定されたのが、すごくショックだったようです。「もう、この教団には理解してもらえる人はいないので、理事長は辞《や》めます。先生に直談判《じかだんぱん》します」と言っていました。

結局、その翌日、宏洋氏は大川総裁のところに行って還俗《げんぞく》（在家《ざいけ》信者に戻ること）の話をし、理事長解任となっています。【※2】

このエピソードには、嫌《いや》なことからすぐに逃げ出すという、宏洋氏の「逃避《とうひ》癖《へき》」が表れています。

「建設会社に勤めていた」と言うが、実際はただの〝お客さん〟だった

宏洋氏は「建設会社に勤めていた」ということを、バリバリ働いていたかのように言っていますが、実際は幸福の科学からの出向《しゅっこう》であるため、彼の給料は教団から全額を振《ふ》り込み、向こうの会社は一円も払《はら》っていないという状態が一年間続いていました。

建設会社に出向することが決まった当時の宏洋氏の様子については、関係者の証言があります。

その証言によると、「宏洋氏本人は何もせず、教団の人事局などに『早くしろ』とか、『早く決めろ』とか、態度が大きかった」というのです。「最初は、『正社員じゃなくてもいいですから、何とかお願いします』と言っていたのに、『その路線（外で仕事をすること）を大川総裁が認めた』と思ったら、急に態度が大き

くなって、『早くしろよ』という感じになった」といいます。

建設会社にとっては、一年間、〝タダ働き〟をさせたわけであり、宏洋氏は、向こうにとってはただの〝お客さん〟だったわけです。宏洋氏は「特別扱《あつか》い」されることはなかったと述べていますが（一〇〇ページ）、始めから特別な環境《かんきょう》にいたということです。【※3】

自分から望んだのに「結婚《けっこん》を強制された」と嘘《うそ》をつく

宏洋氏自身がある若手女優と結婚《けっこん》したいという意志があったにもかかわらず、「大川総裁から結婚を強制された」という有名な嘘《うそ》があります。実際に、相談を受けた職員は次のように証言しています。

「宏洋氏から総合本部のほうに呼び出されまして、何の話だろうと思ったら、『結婚しようと思います』と言われたんです。私のほうから三回か四回ぐらい、

『本当にいいんだよね？　それは宏洋君の意志なんだよね？』ということを確認したところ、『はい』ということでした。『なので、彼女のフォローをよろしくお願いします』と宏洋氏に頼《たの》まれました。『本人の意志として、結婚をしようと思う』という報告を受けています」と、当時を振り返っています。

また、宏洋氏は前著『幸福の科学との訣別《けつべつ》』に「私は、実績のある女優さんだと思っていましたが、結婚相手として考えることは、どうしてもできませんでした」（一五八ページ）と自分がその結婚話を拒否《きょひ》したように書いていますが、「実際は相手からふられたと勘違《かんちが》いして落ち込み、そのことで秘書に電話をかけていた」という証言もあります。【※2】

宏洋氏本人が望んでいたにもかかわらず、相手に拒否された腹いせに嘘をついているならば、本当に恥《は》ずかしいことではないでしょうか。

約束を守れない無責任体質

約束を破り、迷惑《めいわく》をかけても、何の痛みも感じない

以下は、高校時代に宏洋氏の勉強指導をしたことのある職員から紹介された、「宏洋氏は言うことがコロコロと変わるし、気分もよく変わるので、約束ができない人である」ということを示すエピソードです。

その職員は、「宏洋氏は、調子がいいときに、本人が『これやります』と約束しても、学校に行くと、全部忘れてしまう。彼と十個約束したら、一個守られたらいいほうという感じであり、その繰り返しだったので、埒《らち》が明かなかった」といいます。その職員は、こう続けます。

「いちばんひどいときは、早稲田大学高等学院一年生の終わりのほうの試験で、

『成績次第《しだい》では進級できないかもしれない』という状況《じょうきょう》になっていたため、一カ月ぐらい前から宏洋氏と話し合って勉強計画をつくっていました。ところが、宏洋氏は見事にすべての約束を破っていき、試験一週間前になっても勉強をしませんでした。

結局、試験前日に一夜漬《いちやづ》けするしかない事態まで追い込まれ、彼のほうから『今日は必ず、お願いします』と言ってきたのですが、案《あん》の定《じょう》、約束の時間になっても勉強部屋には現れなかったのです。

夜の十一時過ぎまで待っても彼が来ないため、私はいったん自宅に帰りました。ところが、夜中の一時ごろに彼から電話がかかってきて、『なんで、起こしてくれないんですか？　ひどいじゃないですかー！　すぐ来てください。僕がどうなるか分かってるんですかー?』という感じで怒《おこ》っているのです。『どうしようかな』とは思ったものの、彼の進級がかかっていたので、しかたなくもう一度仕事場に行きました。

しかし、彼の勉強部屋に行ってみると、やはり姿が見えないのです。『顔を洗って、何か夜食でも食べてから来るつもりなのかな』と思って、辛抱《しんぼう》づよく待っていたのですが、三時、四時になっても、彼は現れません。

『いったいどういうことなんだ?』と思って、意を決して彼の部屋に行ってみると、すやすやとベッドで寝《ね》ているではありませんか。

思わず、『下で二時間待ってたんだぞ! いったい何を考えているんだ?』と尖《とが》った声を出したのですが、彼は相変わらず布団《ふとん》のなかから出てこようともせず、『ああ、もう、うっせえな! 帰れよー!』と叫《さけ》んだのです。

さすがに湧《わ》き上がってくる気持ちを抑《おさ》えるのもつらく、即刻《そっこく》、部屋を出ました。

そして、『もう帰ろうか』と思いかけたところで踏《ふ》みとどまり、『ここまで来たら最後まで見届けよう』と、私は、仕事場で待機して徹夜《てつや》したのです。

朝七時になったところで、学習部屋のほうに猛《もう》ダッシュで近づいてくる音が聞こえました。宏洋氏でした。

『いいかげんにしてくださいっ！　こんな時間になっちゃったじゃないですかあ！　いったい、何考えてるんですか！　なんで起こしてくれないんですかあー！』と叫びながら彼は入ってきました。もう、返す言葉がありませんでした。

宏洋氏は昔から勉強が嫌《きら》いで、お世話になる人のことを使用人程度に思っているのが伝わってきていたので、約束を破ること自体に何の痛みも感じないし、『どうでもいい』と考えているのでしょう。しかし、遊びの約束だけはパーフェクト。遊び以外の約束が通じないのです」。【※4】

このように、宏洋氏は、基本的に約束を守らないので、彼と仕事をするのはたいへん危険なことであり、「彼にはかかわらないのがいちばん」という思いを周りの人に抱《いだ》かせるほど、ルーズな性格であることが分かります。

「嫌《いや》になったらすぐに投げ出す」という、あきれた無責任さ

「宏洋氏は途中《とちゅう》で仕事を投げ出して音信不通になることがある」という証言もあります。学生時代のバイトでも、行きたくなくなったら、連絡《れんらく》もせずに突然《とつぜん》行かなくなることがあったというのです。

それは、宏洋氏が高校三年生ぐらいのときのことです。証言者は、「宏洋氏は、『バイトを経験したい』と言って、ファミリーレストランのバイトを始めたのですが、一週間ぐらいしたら、もう行かなくなりました」と語っています。その理由は「なんで自分が皿を洗わなきゃいけないのか分からない」などというものだったそうです。

しかも、ひどかったのはその辞《や》め方です。その証言者は、「宏洋氏は、お店に電話をし、『父が危篤《きとく》なんで辞めます。じゃ』と嘘を言い放ち、向こうの返答も

聞かずに一方的に通話を切ったのです。その後も正式に辞める手続きはしないまま、自然消滅《しょうめつ》を狙うというものでした。宏洋氏のケータイにお店から電話がかかってきても、『うわっ、店から電話かかってきた』『無理、無理、うっぜー』などと言って、切ってしまっていました」と語り、「彼は、一度、嫌いになったら、もう連絡することすらも嫌《いや》で、『行かなくなって終わり』。すべてにおいて、そういう態度でした」と振り返っています。

また、幸福の科学で映画事業にかかわったときにも似たようなことがあったといいます。先述の証言者によると、自分の脚本《きゃくほん》に修正が入りそうになると、とたんに投げ出す傾向《けいこう》があった宏洋氏は、映画のPRの一環で講話をすることが予定されていたにもかかわらず、「人の手が入った作品は、自分の作品じゃない」と理由をつけて、前日にキャンセルしてしまったというのです。【※4】

こうした言動に、宏洋氏の「一般《いっぱん》常識のなさ」や「無責任さ」が表れています。

自分に都合がいいように事実を歪曲

勉強にも部活にもついていけず、早稲田《わせだ》大学高等学院を一年で転学

宏洋氏は、早稲田《わせだ》大学高等学院（早大学院《そうだいがくいん》）を転学した理由として、「早大学院はどうも僕には面白くなかった」（八六ページ）と述べ、自分の意志で学校を移ったような言い方をしていますが、勉強も部活もついていけずに留年寸前の状態になっていたのが実際のところのようです。

宏洋氏の高校時代を知る職員は、「宏洋氏は、マンガの『スラムダンク』でも読んで、女性にモテる自分をイメージしたのか、いちばん練習時間の長いバスケット部に入部しています」と語っています。

しかし、高校には補欠合格で何とか滑り込むかたちで入った宏洋氏にとって、

早大学院は部活がハードというだけでなく、勉強のほうもハードだったようです。その職員によると、大学の勉強に近い感じがあり、第二外国語（仏語）があったり、各教科についても文科省の指導要領を超《こ》えるような専門的な内容も含《ふく》まれており、宏洋氏は、一気に周りから置いていかれるような感じになって、学期の終わりにはクラスのビリから二番目ぐらいの成績になってしまったそうです。

ただ、その職員は、「『授業中は寝ており、試験前に一夜漬けする』という宏洋氏の勉強スタイルでは、どこの学校に行っても、落第か、ヒラメのように海底すれすれを漂《ただよ》うのが精一杯《せいいっぱい》だっただろう」とも語っています。

また、学力面だけでなく、欠席も多く遅刻《ちこく》の常習犯である宏洋氏は、学校生活の面でも、進級条件を満たさない状況にあったと語る職員もいます。

やがて、部活にもついていけなくなった宏洋氏は、部活を休み始め、「部活をやめるぐらいなら学校をやめる」、そして、「学院生はつまらない奴《やつ》ばかりだ」

「部活が終わると寄り道をしない。家にまっすぐ帰って勉強するマシンみたいな奴ばかりで、ギャグが通じない」、さらに、女子がいないことは受験前から分かっていたにもかかわらず、「女子がいない学校は耐《た》えられない」などと言い出したそうです。【※4】

後に幸福の科学の職員を辞めたときも似たようなかたちになり、他の職員のように真面目《まじめ》には働けないので、教団を批判し全否定して、責任転嫁《てんか》して逃げ出しているのを見ると、どちらも、「無責任」「勉強嫌い」「勤労意欲がない」「遊んで暮らしたい」という、「宏洋氏の変わらぬ本質」を示していると言えるでしょう。

本当の理由を隠《かく》して「正社員になりたい」と直訴《じきそ》

大川総裁は宏洋氏の「一般企業《きぎょう》を経験したい」という意向を汲《く》み取り、二〇一三年四月一日より、宏洋氏は大手建設会社で働くこととなりました。幸福の科学からの「出向」扱いで給与《きゅうよ》は教団から出すということで、何とか受け入れてもらったかたちでした。
ところが、その年の夏、宏洋氏は大川総裁に、「出向ではなく正社員になりたい」と直訴《じきそ》します。
そのときの理由について、事情に詳《くわ》しい家族は、「『出向だと社員保険に入れないから』『社宅に入れないから』と言っていましたが、実際は、『付き合っている彼女がいて、子供ができたから結婚したい。相手は信者ではない一般の女性なので、（相手の両親を納得《なっとく》させたいから）正社員になりたかった』というのが本当の理由だったのです」と語っています。【※4】
本当の理由はきちんと伝えず、他の理由をつけてごまかしているところに、宏洋氏の不誠実さが表れています。

相手の言葉尻《ことばじり》を捉《とら》えて自分に都合《つごう》よくすり替《か》える

その後、結局、宏洋氏は建設会社から幸福の科学に戻ってくることになります。そのいきさつについて宏洋氏は「隆法に乗せられた」（一〇二ページ）と、まるで大川総裁に懇願《こんがん》されて戻ったかのように書いています。しかし、これもまったくの嘘です。

以下は、秘書部門にいた職員の証言です。

「このときは、例のごとく、総裁先生の食事の時間に彼が来ました。『このまま建設会社にいても、地方に飛ばされる』などといった愚痴《ぐち》を、ずっと先生の前で話していました。

私が覚えているのは、総裁先生から『戻ってきてほしい』という明確な依頼《いらい》はなく、宏洋氏が建設会社を辞めたいとごねているのを見かねて、『そこまで言うなら、幸福の科学でも（彼が携《たずさ》われそうな）映画事業もやっているし、戻ってくるという手もないわけではないが……』といった趣旨《しゅし》の言葉尻《ことばじり》を捉《とら》えて、彼が『実は僕も、幸福の科学に戻ってもいいと思っていたんです』と、言質《げんち》を取ったかのように言ったのです。

そのときの彼のニヤッとした顔は、はっきりと覚えています。

いずれにせよ、『大川総裁が宏洋氏に戻ってくるように懇願した』事実はありません」。【※2】

正面から交渉《こうしょう》せず、匂《にお》わせ発言で大川総裁を誘導《ゆうどう》し、言葉尻を捉えて「乗せられた」とすり替《か》える欺瞞《ぎまん》は、いかにも宏洋氏らしいレトリックと言えるエピソードでしょう。

「父を神だと思ったことはない」と言を翻《ひるがえ》す嘘《うそ》

宏洋氏は前著『幸福の科学との訣別』において、大川総裁を「神だと思ったことはない」（一二ページ）と言っていますが、この発言は矛盾《むじゅん》しています。

二〇一一年四月二十九日に、「成功への道」という題で、大川総裁による青年向け法話《ほうわ》がなされた際、同氏は前座として「エル・カンターレ信仰と伝道について」と題した講話を行《おこな》っています。そのなかで宏洋氏は「エル・カンターレは、絶対に、何があっても、あなたがたを見てくださっている。これだけは、確信して言えます」「少しでもエル・カンターレのお役に立ちたいというふうに考えておりますので、みなさま、共に頑張《がんば》っていきましょう」と、自身の信仰心を力強く語っています。

また、宏洋氏が理事長に就任した直後の二〇一二年三月十七日には徳島県鳴門《なると》市の教団施設《しせつ》で行った信者向け講話のなかで、「私には目標があります。それは、信仰者が最も尊い仕事をしている人だと全世界の人たちが認める世の中になっていくこと。これが私の掲《かか》げる目標です」と話しています。

さらに一カ月後に東京で行われた全国の支部長向け講話のなかでは、「まだ目覚めていない我々の仲間たち、光の天使たちに燎原《りょうげん》の火のごとく信仰の火を灯《とも》していきたいと思う」と語っています。【※3】

このように、宏洋氏は当時、大川総裁、主エル・カンターレを信仰していることを公言していたのです。

もし、こうした自《みずか》らの信仰心を訴《うった》える講話が、実際にはそのように振る舞《ま》うことで教団の要職に就き、生活の糧《かて》を得るためだけの〝演技〟でしかなかったのであれば、大川総裁、そして幸福の科学に集《つど》う信者の心を深く傷つけ、冒瀆《ぼうとく》する行《こう》為《い》にほかなりません。

『地獄《じごく》の法』では、「（地獄の底まで）真《ま》っ逆《さか》さまに堕《お》ちる人のなかには、特に、こういう仏法真理《ぶっぽうしんり》に関係することで、正反対のことを言って人を妨害《ぼうがい》したり邪魔《じゃま》したりしていた人がいます」とあるとおり、宏洋氏の未来は暗いものとなっていくことを示しています。

「嘘《うそ》」は、世界的宗教も共通して忌《い》み嫌うことです。三大宗教の一つである仏教には、守るべき戒律《かいりつ》として妄語《もうご》戒があり、「嘘偽《いつわ》りを言うこと」を戒《いまし》めています。また、宗教的な問題だけではなく、仕事や人間関係においても、嘘を重ねていく者を周りが信用することはありません。

大川総裁は「正直に、謙虚《けんきょ》に生きることの大切さ」をたびたび説かれており、『嘘をつくなかれ。』には、「この世での成功だけがすべてではありません。『この世で、いかに誠実に生きるか』ということが重要なのです」とあります。

たとえ他人を一時期、騙《だま》すことができたとしても、自分自身をごまかすことはできません。「因果《いんが》の理法《りほう》を捻《ね》じ曲げることはできない」ということを知って、反省に入るべきです。

3　あまりにも低い宏洋氏の社会的知性

素行の悪さが目立った学生時代

「授業中寝《ね》てばかり」「校則違反《いはん》が多い」などの担任の先生の評価

宏洋氏はあたかも小学生時代から彼を大川隆法総裁の「後継者《こうけいしゃ》にする計画」があったかのように述べていますが（六五ページ）、そのような事実はなく、中学生時代にはむしろ「素行の悪さ」が目立っていました。

宏洋氏が子供のときに、その勉強を見ていた職員が、中学校時代の担任の先生からのコメントを覚えていました。それによれば、中一のときの担任の先生からは、「生活面ではとにかくスローモーで、遅《おく》れ方が激しく、女子生徒から気合いを入れられている」「制服、運動靴《ぐつ》などがしょっちゅうなくなると騒《さわ》ぐので、みんなで大川君の失くした物を探すのが大変だ」「髪《かみ》を赤く染めてきたので怒《おこ》りました」と言われたそうです。

中二のときは、「授業中、寝《ね》てばかりで態度が悪い」「提出物も出ない」「掃除《そうじ》や物の管理ができないため、集団生活に迷惑《めいわく》がかかっている。自分のしたいことに夢中で、公共の利益を考えない」という評価を受けたといいます。

中三のときは、「休み、遅刻《ちこく》、欠課が多い」と言われたとのこと。欠課というのは、保健室に行って休むことですが、宏洋氏の場合、よく二時間ぐらい寝ていたようです。また、「授業も寝っ放しが多い」「服装の規定を破ったり、禁止されているケータイを学校で使ったり、校則違反《いはん》が多くて、時間もルーズで、社会人になるための信用を失っている」との評価だったそうで、宏洋氏の態度には、担

任の先生も立腹していたといいます。【※4】

素行が悪く、人間性に問題があったということがよく分かるエピソードです。

警察のお世話に何度もなる

さらに、次のような証言もあります。

宏洋氏の教育を担当していた職員によれば、宏洋氏は何度か警察のお世話になったそうです。中学二年の時に事件を引き起こしたときと、中三の時に池袋《いけぶくろ》のカラオケ屋さんで代金が払《はら》えず、交番に助けを求めたとき。それ以外にも、渋谷《しぶや》の宮下《みやした》公園で不良に恐喝《きょうかつ》されて財布《さいふ》とケータイを取られて、殴《なぐ》られたとき。恐喝されたのは、中三の二学期の期末試験前だったそうですが、本来なら、テスト対策をすべきときに、友人と渋谷でブラブラしていて、不良に目をつけられ、お金とケータイを巻き上げられてしまったようです。【※4】

重要なテスト前でも、女の子との会話を我慢《がまん》できなかった

宏洋氏の世話をしていた、ある職員からのこういう証言もあります。

中三の二学期の期末試験前、宏洋氏は「ケータイを買ってくれ。彼女と連絡《れんらく》ができないんだ」と親と職員に対し、ずっと叫《さけ》んでいたというのです。附属《ふぞく》高校へ内進できるかが決まる重要なテストを控《ひか》えているのに、女の子と会話することを優先して我慢《がまん》できず、「勉強するから買ってくれ」「買ってくれたら勉強する」「させたければ買え」というような感じで、勉強するかしないかを人質《ひとじち》みたいに交渉《こうしょう》してきたそうです。

証言してくれたその職員は、「それは、今もやっていることで、当会の悪口をたくさん言って、『困るだろう？』『やめてほしけりゃ、金を出せ』という感じで、交渉というか、脅《おど》しているつもりなのでしょう」と話していました。【※４】

実際は、幼稚《ようち》で社会的知性が低く、自分が欲望を持ってしまうと、その実現以外考えられなくなり、当然、他の人への迷惑など、微塵《みじん》も感じていないというのが宏洋氏です。そうした破滅《はめつ》への道を歩む性分だということをよく表しているエピソードです。

極めて甘かった仕事への姿勢

理事長の仕事机でも会議でもしょっちゅう寝《ね》ていた

先にも述べたとおり、宏洋氏は、経験を積むために、一時期、幸福の科学の理事長職に就《つ》いたこともありますが、周囲の証言によると、「理事長の仕事机でも、午前中からしょっちゅう寝《ね》ていた」というのが実態でした。

宏洋氏に仕事を教えていた幹部職員の証言によれば、職員たちが汗《あせ》を流して築き上げてきたプロジェクトのプレゼンテーション会議についても、宏洋氏は「聞いてもしょうがない」と言って、会議中、ずっと寝ていたといいます。【※4】

経験もないので、実力がないのは仕方がありませんが、それに対して頑張《がんば》って、食らいついていくのが、責任ある仕事人としての筋《すじ》ではないでしょうか。

また、宏洋氏は教学をしていなかったために、大川総裁の経営判断や経営方針が、教えに基《もと》づいて発されていることが分からなかったという証言もあるのです。

仕事を教えていた幹部職員はこう言います。「宏洋氏の言動はいつも矛盾《むじゅん》していて、『雑務なんかしたくない』と言いながら『基本的なことを教えてもらえなかった』と言ったり、『じゃあ、教えますよ』と言ったら、ずっと寝ている。周囲の人間は、『人との約束を守る』とか、『朝起きる』とか、『会議で寝ない』とか、『仕事の間、とにかく寝ない』とか、『人に教えてもらったら感謝する』とか、こういうことまで徹底《てってい》して教えてはいたんです」と。【※2】

宏洋氏の仕事の姿勢は極めて甘かったと言わざるをえません。

トップなのに重要な判断は人任せにする

幸福の科学にはニュースター・プロダクションという芸能プロダクションがあり、その組織のトップに宏洋氏が就いたこともあります。それは彼にとって、高度な経営判断ができるようになるための、訓練の場でもあったはずですが、基本的に宏洋氏の考える「仕事」というのは、「自分でコピーを取る、自分でシュレッダーをかける」というレベルだったようです。

プロダクションの職員によれば、宏洋氏は、高度な判断、重要な判断のところはほぼ他人に任せっきりだったそうです。

また、「一度『この人はこういう人だ』と決めつけてしまうと、もう変わらない」とも証言しています。大川総裁は、「『誰《だれ》が正しいか』で判断するのではなくて、『何が正しいか』で判断しなさい」と説かれています。ところが、宏洋氏の場合は、基本的に「人」で判断しており、「この人はいい」「この人は駄目《だめ》」という感じだったといいます。【※4】

これでは、正しく公正な判断になるはずがありません。

自分の考えを押《お》しつけ、周りの意見を聞かないワンマンぶり

宏洋氏は大川総裁のことを「ワンマン体制」（一六二ページ）という言葉で評していますが、実際にそのような事実はありません。大川総裁はよく人の意見を聞かれた上で総合的判断をされています。むしろ「ワンマン」は宏洋氏自身にこそ当てはまることでした。

そのわがままな仕事ぶりには、周囲も眉《まゆ》をひそめていたようです。プロダクションのある職員の証言によれば、「基本的には自分の考えを押《お》しつけていって、

周りの意見を聞かない」とのことでした。

この職員は、宏洋氏について、「自分の発言や指示によって、何がどう動いているか、どういう仕事が発生しているか、どんな苦労が発生するのか、それを受け取った人がどういうふうに感じているのかというあたりが、たぶん分からないんだと思いますね。大きいビジョンを打ち上げたこともありましたけれども、そのあと、実際にその仕事をどう詰《つ》めていくかとか、そのビジョンを実現していくために、どういうかたちで人をモチベートしていくかとか、そのときに必要な経営資源は何で、どう組み立てていくかっていうあたりはできないので、言う一方となる。それで、自分の気に入らない方向に行くと、機嫌《きげん》を損《そこ》ねて暴れるという感じでしょうかね」と話してくれました。【※4】

仕事の厳しさを教えようとする父親に対し、反感を持った宏洋氏

宏洋氏は、大学を卒業するころからの「隆法の僕《ぼく》の扱《あつか》いがまったく安定しない」（一〇三ページ）「隆法は何を考えてこんなことをしたのだろうか」（一〇三ページ）と述べていますが、それは彼の主張する「手ゴマ」にするためでも「客寄せパンダ」（一〇四ページ）にするためでもありません。

大川総裁は、宏洋氏について、次のように話されたことがあります。

「宏洋は、父親の仕事の面での厳しいところを、おそらく知らなかったと思います。（中略）これから、だんだんに厳しさを教えていくところでしたし、それには、彼が四十歳《さい》ぐらいになるまでかかるのではないかと思っていたのですが、彼は一年ぐらいで、もう〝出来上がって〟しまい、自分は仕事がよくできるような気になっていたというところでしょうか。（中略）仕事で要求される水準もあ

りますし、だんだん大人になって一人前に扱われ始めたら、子供なら許されていた部分が許されなくなってきて、次第に、『一般職員よりもよくできるぐらいにならないと、リーダーとしては置いておけない』という感じになってくるのは当たり前のことです。そういう教育が始まってきていたところだったのですが、少し教育が始まったら、彼は、『父は頭が固くなった』と感じ、『これを取り除《の》けないと、できない』という感じになったのです」と。【※1】

宏洋氏に仕事の厳しさを教えようと心を砕《くだ》かれていた大川総裁の愛が分からなかったというのが、宏洋氏の残念なところであると思います。

経済観念や財務感覚の欠如

二十一万円の給料なのにベンツを買う

宏洋氏の金銭感覚については、家族からの証言があります。宏洋氏が以前、建設会社に勤めていたとき、給料が二十一万円だったにもかかわらず、ベンツを買ったりしていたというのです。【※３】

大川総裁は、『幸福へのヒント』のなかで、「収入以上の生活をした者は破滅する」と注意を促《うなが》されていますが、収入と支出のバランス感覚が宏洋氏にはなかったということです。

健全な経費の引き締《し》めが理解できない

宏洋氏は当会の経営に対しても全《まった》く分かっていません。「近年は、多いと数百億単位の赤字を出していたはずだ」（一一七ページ）としていますが、嘘です。当教団は一貫《いっかん》して黒字経営を続けており、まったく事実に反します。経費の引き締《し》めなどは、一般企業同様に行いますが、信者の方々から頂いた布施《ふせ》を大切に活用するためにも必要なことです。【※5】

大川総裁は、『財務的思考とは何か』のなかで、「財務の基本は、『入《い》るを量《はか》って、出《い》ずるを制す』ということです。入《はい》るお金のほうを多くして、出ていくお金をできるだけ抑《おさ》える。これが基本」と説かれています。

教団としては、総裁のその教えを守って経営する努力をしているのです。

「財務」の仕事が理解できていない

また、宏洋氏は、「資金を貯《た》めることを仕事とする財務部で、隆法は金の貯め方を学んだのではないだろうか。僕の知っている隆法は、金を使うのはとても下《へ》手《た》だったけれど、金を貯めることにかけては一流だった」（一三四ページ）としていますが、「財務」についての理解が不足しています。

大川総裁は、『経営とは、実に厳しいもの。』のなかで財務について、「定義的に言うと、『資金を調達し、運用し、活用し、投資する部門』のことになります」と説かれています。

財務とは、資金を血液と見て人体にたとえれば、「血液の循環《じゅんかん》」の部分に相当し、「資金繰《ぐ》り」や「資金運用」「投資計画」をするのも財務の基本的な仕事なのです。宏洋氏が「資金を貯めることを仕事とする財務部」という定義づけをし、

「財務部にいたからお金を使うのが下手だった」と言うのは、財務の仕事が分かっていないということを表しているにすぎません。

なお、大川総裁が総合商社の財務マンとしてニューヨークに勤務した一九八〇年代は、「ジャパン・アズ・ナンバーワン」という言葉に象徴《しょうちょう》されるように、好調な日本経済がアメリカを脅《おびや》かそうとする時期に当たります。そうしたなか、大川総裁は、世界中のトップエリートが集《つど》うワン・ワールドトレードセンターの四十階のオフィスで仕事をされていました。そこでは、少なくとも書類の上で、責任を持ってウオッチしていた外国為替《かわせ》は、年間一兆円近くあったといいます。大川総裁は二十代にして日本人最年少の財務部門オフィサーとして活躍《かつやく》されていました。

こうした事実を無視し、一方的なバイアスのかかった見方しかできない宏洋氏は、そもそも仕事そのものができないことを露呈《ろてい》しています。

そのように、見識においても実務経験においても、宏洋氏が未熟であることは誰の目から見ても明らかであり、的外れな批判をすればするほど、かえって氏の見識不足が浮《う》き彫《ぼ》りになるだけでしょう。「お金を使うのが下手」なのは宏洋氏自身のほうで、親のすねかじりで散財をすることばかりに長じている氏には、仕事やお金に対して論ずる資格はないと自覚したほうがよいでしょう。

脇役《わきやく》として出る小規模な舞台《ぶたい》を優先させ、多額の損害を出した

経営感覚の欠如《けつじょ》については次の事例も象徴的です。

二〇一七年八月二日、映画「さらば青春、されど青春。」がクランクインしました。当時、宏洋氏はニュースター・プロダクションの社長であり、映画の主役を演じたわけですが、撮影《さつえい》時にはさまざまなトラブルが生じました。その最たるものが、外部の小さな舞台《ぶたい》劇とのダブルブッキングです。宏洋氏は外部の舞台の

ほうの日程を優先させ、独断で映画の撮影を中断。映画撮影スタッフの仕事を止めることとなり、その補塡《ほてん》分として、およそ五千万円の損害をもたらしました。

当時の宏洋氏を知る職員は、こう証言しています。

「あのとき、宏洋氏は、小劇場の舞台に出るために、映画撮影の合間に約三週間休みを取らないといけなくなって、約五千万円の損失が出ました。小さな舞台の、しかも脇役《わきやく》だったのですが、『先に舞台のスケジュールを入れていたから、映画のほうのスケジュールを変えるのが当たり前だ』と彼は主張していました」と。

また別の職員は、こう話しています。

「『映画の撮影スケジュールを優先すべきではないか』と宏洋氏に言ったんですけれども、宏洋氏はそれに対してものすごく怒ってきました。宏洋氏は、『〈さらば青春、されど青春。〉は自分の脚本《きゃくほん》が却下《きゃっか》されている。主演としては出るけれ

ども』と、ものすごい怒り方でした」と。【※４】

当時、宏洋氏は社長という立場でしたが、「一俳優・大川宏洋」「舞台俳優・大川宏洋」「脚本家・大川宏洋」という立場を最優先事項《じこう》として仕事をしていたというような状況《じょうきょう》でしょうか。

経営的には、小舞台に出ることと映画の撮影と、どちらを優先すべきかという判断では、社長であるなら、どう考えても撮影を取るべきでした。しかし、宏洋氏が舞台のために使った約三週間で、映画の実損が約五千万円も出たわけです。それに比べて、舞台のほうのギャラはおそらく十万円程度だったと思われ、比較《ひかく》衡量《こうりょう》すれば、経営判断としてはまったく問題外の判断をしたということが言えます。

一役者としての心意気を示したかったのでしょうが、本当に格好をつけたいなら、少なくとも、同時に、社長の立場としての経営責任で損害分を穴埋《あなう》めするだけの仕事をするべきだったでしょう。

対人関係のトラブルが多く、女性問題が絶えない

一度でも何かあると相手を〝極悪人〟扱《あつか》いする

宏洋氏を間近で見ていたある幹部職員は、宏洋氏の極端《きょくたん》な性格についてこのように証言しています。

「特徴としては、自分を持ち上げる話にはいくらでも耳を傾《かたむ》けます。ところが、自分に厳しいことを言った人間とは、二度と会話をしません。自分を持ち上げることを言う人とはコミュニケーションを取るのですが、叱《しか》ったり教育したり、そういう話をする人とは一挙に距離《きょり》を取って、最後は〝悪人〟にするのです」と。

別の幹部職員からは、「すべて認めるか、認めないか、というオール・オア・

ナッシングのところがあります」という証言もありました。その幹部は、最初は宏洋氏から頼《たよ》られ、素晴《すば》らしい人だと思われていたのですが、一度、何かを宏洋氏に指摘《してき》した瞬間《しゅんかん》から、〝極悪人〟へと評価が百八十度変わったそうです。

要するに、宏洋氏の言うことはすべて受け入れなければ〝極悪人〟にされてしまうわけであり、かかわった人は、みな〝悪人〟になるか、不幸になるわけです。

その宏洋氏を間近で見ていた幹部職員からは、「近づかないほうがいいタイプの人間ではありますね」とのコメントもありました。【※1】

結局、宏洋氏こそが、自身への批判は許さず、「周囲にはイエスマンしかいない」（一六二ページ）状態をつくり出すような性格をしているのです。

子供の親権をめぐり、強行突破《とっぱ》に出ようとした宏洋氏

宏洋氏は、自分の離婚《りこん》の話が出てきていたころに、「離婚しても親権が取れな

いから悔《くや》しい。どうしても母親のほうが強いので、親権が取れないんだ」というところで、悔しがっていました。そしてある日、朝に奥《おく》さんがまだ寝ている間に一歳《さい》になるかならないかの子供を連れて、急にタクシーで大川総裁のところに来たことがありました。

宏洋氏は突然来て、リビングに総裁や家族が集まると、大川総裁が子供を抱《だ》っこされた様子を見て感動してしまったのか、急に泣き出しました。おそらく、子供の親権をどうにかしてほしいと思い、総裁のところに来ていたのでしょう。そして、「奥さんと一緒《いっしょ》にいると、ろくな子供に育たないから、この子だけでもここで育ててください」というようなことを言っていたということです。

自分で子育てができないのにもかかわらず、「強行突破《とっぱ》で連れてきてしまえば、親権が取れる」と思っていた浅はかな考えが宏洋氏にはあったのでしょう。

大川総裁からも「奥さんに何も言わずに連れてきて、かくまうというのはできない。ちゃんと話し合ってきなさい」と諭《さと》され、思いどおりの結果が得られなかった宏洋氏は、落ち込んで再びタクシーに乗って去っていったということでした。

【※4】

ここにも宏洋氏の極端な性格の一端が出ています。

自分の行動を棚《たな》に上げ、虚言《きょげん》で奥《おく》さんへの批判を繰《く》り返した

宏洋氏が以前、自分の母であるかのように慕《した》っていた人の話によると、宏洋氏は、奥《おく》さんには生活費を切り詰めるように言う一方、自分はブランドものの服を買ったり、数百万円のベンツを買ったりして、独身時代と変わらぬ生活スタイルで暮らしていて、さらには奥さんには内緒で、別の女性と関係を持っていたそうです。

そして、宏洋氏は自分の妻のことを、「片付けができず、家はゴミ屋敷《やしき》で……」

と言い始めていたそうです。

ただ、その宏洋氏が慕っていた人が、実際に当時、彼の奥さんにお会いしたところ、「ごく一般的な女性で、家もきれいに片付けていた。宏洋氏から聞いた話とはまったく違っていた」とのことでした。【※1】

社長の立場を利用し、脅迫《きょうはく》・洗脳のようなことをしていた

大川総裁が大学時代に想い人に送った手紙を「ラブレターではなく脅迫状《きょうはくじょう》」（一八ページ）と表現する宏洋氏ですが、脅迫まがいのことをしているのは、むしろ宏洋氏のほうです。

宏洋氏と以前関係のあった、プロダクション所属の女性タレントによると、「彼と付き合っているときは、『おまえは、職員さんたち全員から嫌われてる。俺《おれ》だけがおまえを推《お》そうとしてるんだよ』『おまえは、俺がいなかったらＮＳＰ

（ニュースター・プロダクション）にはいられないんだよ』と言われました。社長という立場を利用して、洗脳していくみたいなところは確実にありました」と証言しています。【※4】

権力を使ったパワハラや女性問題を繰《く》り返す

大川総裁について「彼は自分に向かって吠《ほ》える存在が嫌なのだ」（七〇ページ）と述べる宏洋氏ですが、それは自分自身に当てはまる言葉ではないでしょうか。

宏洋氏がニュースター・プロダクションの社長時代には、さまざまなパワハラ行為もありました。

一例としては、宏洋氏に連絡を取らなければならない急ぎの案件があり、ある職員が彼に何度も電話をしましたが、まったく連絡がつかないことがありました。あとで事情を訊《き》くと、宏洋氏はそのときにシャワーを浴びていたことが分かりました。

ただちに進めなければならない案件であったので、やむをえず担当者は先に仕事を進めることにしました。

すると、宏洋氏は、「なぜ、シャワーを浴びているときに電話をしてきたんだ！」と、烈火《れっか》のごとく怒ったのです。「君の仕事の姿勢がおかしいんじゃないか。仕事の情熱が足りないんじゃないか。僕は建設会社に勤めていたときに、『離婚をするか、仕事を取るか』ということで悩《なや》んで、離婚をしたんだ。仕事を取ったんだ」というような、訳の分からない理屈《りくつ》を言われたといいます。そして、「僕がこういう決断をしたんだから、君はどうするんだ？　離婚をするのか、仕事を取るのか、はっきりしろ」などと、明らかなパワハラ発言をされて、その担当者は非常に悩みました。

また、女性問題の案件もありました。

「宏洋氏が所属の女性タレントに手を出した」という事件が発覚し、別れるということで話が進んでいたものの、その後、宏洋氏が「よりを戻《もど》したい」ということで、朝、その女性の家に押しかけ、家から出てくるまで待っているという〝ストーカー行為〟をしたのです。それから、宏洋氏がその女性を説得し、交際を迫《せま》って取り込んでしまうということがありました。【※1】

このように、宏洋氏は対人関係のトラブルが多く、女性問題も絶えなかったのです。

4　宏洋氏の「宗教的無知」の問題

「教えのイロハ」レベルの知識に基《もと》づく自己流の解釈《かいしゃく》で教義を曲げている

宏洋氏は、書籍《しょせき》のなかで、さも分かったふうに自信満々に幸福の科学の教えを論評しています。教義を知らない一般《いっぱん》読者のなかには、幼少時から英才教育を受けて仏法真理を知り尽《つ》くしているかのように錯覚《さっかく》する人もいるかもしれません。しかし、彼の成長を見守ってきた者の立場からすれば、実態とあまりにかけ離《はな》れていて、「あのレベルでもう自分は出来上がっていると思ってるのだろうか」と、開いた口が塞《ふさ》がらないといいます。

宏洋氏は、幸福の科学の教義を学んだといっても、幼稚園《ようちえん》や小学生のころに教えの「イロハ」を学んだ程度です。しかも、中学生以降、宏洋氏の学びの姿勢は弱くなっていくのですが、その間も、大川隆法総裁は新たな教えを膨大《ぼうだい》に説かれています。

にもかかわらず、宏洋氏は、思い込《こ》みや勘違《かんちが》い、場合によっては意図的な自己流の説明で教義を捻《ね》じ曲げて、あたかも幸福の科学の公式見解のように語っているのです。これは宗教的には「大妄語《だいもうご》」や「謗法《ほうぼう》」に抵触《ていしょく》する場合もあるので、宏洋氏の論評を無批判に孫引きすることのないよう、マスコミ諸氏には注意が必要でしょう。

以下、宏洋氏の宗教的な無知に基《もと》づく誤《あやま》りを指摘していきます。

何の根拠《こんきょ》も示さず、霊的《れいてき》世界観を「SF的な設定」と決めつける

例えば、宏洋氏は幸福の科学の教義、特にあの世の次元構造などの教えを「SF的な設定」（一六〇ページ）などとして、あたかもつくりものであるかのように決めつけていますが、こうした霊的《れいてき》世界観は、普遍《ふへん》的な宗教的真理として多くの宗教において説かれるものであるとともに、科学的にも探究対象となるテーマでもあります。したがって、何の根拠《こんきょ》も示さず、はなから創作物のフィクションと片付けてしまう態度こそ安易ではないでしょうか。

幸福の科学が医学と対立関係にあるかのような悪質な印象操作

また、宏洋氏は、前著『幸福の科学との訣別』では当会にとって医学は「競合他社」（四二ページ）であるとして、客の取り合いをしている対立関係のような

印象操作をしていますが、明らかに教えを曲げています。

幸福の科学では、本来、医学も神の光線の流れのなかにあり、宗教と対立するものではないと説かれています（『フランクリー・スピーキング』）。ただ、医学が唯物《ゆいぶつ》的な技術に偏《かたよ》るあまり、肉体の奥《おく》にある霊性の尊厳を否定する方向に行きすぎることを戒めているにすぎません。本来、魂《たましい》は健康そのものであり、心の不調和が身体に及《およ》ぼす影響《えいきょう》を点検し、霊肉を調和させることの大切さを説いているのです。当会の信者のなかには、医師をはじめ数多くの医療《いりょう》従事者が、医療と信仰《しんこう》を両立させた真理医療の実現に取り組んでいるのが、その証拠であると言えます。

神聖な霊言《れいげん》現象をお笑いの道具にして冒瀆《ぼうとく》する宏洋氏の重大な過《あやま》ち

また、釈尊《しゃくそん》など悟《さと》りを開いた者に現れるとされる六大神通力《じんつうりき》の一つである霊言《れいげん》現象（天耳《てんに》の一種）について、宏洋氏は、「役者のようにいかにうまくフリをするか」、すなわちインチキであるかのように語り、そして「○○の霊言」と称《しょう》しては、お笑いネタのようなふざけた態度で、神聖な神降ろしの行為《こうい》を冒瀆《ぼうとく》しています。さらに、前著『幸福の科学との訣別』では**「隆法から注文があれば、どんな霊言でもやっていました」**（二二三ページ）などと語り、大川総裁もグルになって演技をしていたかのような悪質なレッテル貼《ば》りまで目論《もくろ》んでいます。

しかし、ニュースター・プロダクションの社長時代には、宏洋氏は、タレントや一緒《いっしょ》に仕事をしている職員の生霊《いきりょう》が自分に来ていると称して、それを理由に霊言をしていたとのことで、社員からこんな証言もあります。

「宏洋さんが、『タレントの生霊が来て眠《ねむ》れない！　もう駄目《だめ》だー！』と言っているときは、プレッシャーに押《お》し潰《つぶ》されそうなときだと思うんですけれども、そうやって他人のせいにしていくんですね。宏洋さんの場合は、『自分から距離《きょり》を置いてほしい』とか、『配役を変えたい』とか、自分の言いたいこと、やりたいことを通すために生霊〝霊言〟を使っているようでした」【※４】

宏洋氏自身にとって、霊言はすべてインチキなのでしょうか。それとも、霊言現象そのものは認めているのでしょうか。いずれにしても、これが仕事において部下を自分の意のままに操《あやつ》る意図で行われた「演技」であるならば、まともな社会人の所業ではありませんし、それこそ悪質な洗脳行為ではないでしょうか。逆に、実際の霊言だと思っているならば、そこには悪霊《あくれい》現象特有の特徴《とくちょう》が表れており、悪霊に操られているのは宏洋氏自身のほうかもしれません。このあたりについて宏洋氏の態度は極《きわ》めてご都合《つごう》主義に見えます。

「もともと主を信じていなかった」のなら、入信の儀式《ぎしき》の導師を務めたのは宗教的詐欺《さぎ》ではないか

宏洋氏の宗教的詐欺《さぎ》が疑われる行為はほかにもあります。最近の宏洋氏は「もともと主を信じていなかった」というような言い方もしていますが、それならば、次のエピソードはどうなのでしょうか。

ある職員によると、大学二年当時の宏洋氏には付き合っている女性がいて、結《けっ》婚《こん》も考えるほど好きだったといいます。宏洋氏はその職員に対し、「この女性を三帰誓願《さんきせいがん》（信者になること）させたい」と、何度も言っていて、彼女を大川総裁の講演会に誘《さそ》ったときに、宏洋氏は自《みずか》ら、彼女の三帰誓願式の導師まで務めたというのです。【※5】

これは、神父《しんぷ》や牧師《ぼくし》のような資格をもった僧職者《そうしょくしゃ》が、入信の儀式《ぎしき》として洗礼《せんれい》を

行うのと同じような意味があるでしょう。しかし、当時の宏洋氏が「本心では主を信じていなかったにもかかわらず、入信儀式の導師を務めた」というのであれば、主と信者との絆《きずな》を取り結ぶ役割などとうてい果たせず、宗教的には詐欺的行為を行っていたことが疑われるところです。

信者の布施《ふせ》を金銭の授受としか見ていない低俗《ていぞく》さ

ニュースター・プロダクションの社員だった男性によると、社長当時の宏洋氏に呼ばれてレクチャーを受けたことがあるそうです。そのとき、その人が聞いた話によると、当時、宏洋氏は、「以前勤めていた建設会社ではもっと接待費にお金を使っていた。〝飲みニケーション〟が大事だ」「うちは接待費がすごく少ない。もっと増やしたほうがいい」などと言っていたというのです。【※４】

宏洋氏は信者のみなさまからの尊い布施《ふせ》を何だと思っているのでしょうか。布施とは、神仏に対して真心から差し出す宗教的行為を通して心の執着《しゅうちゃく》を去る修行《しゅぎょう》であり、施者《せしゃ》・受者《じゅしゃ》・施物《せもつ》の三つに穢《けが》れのない清浄《しょうじょう》の状態で行われるべきものです。つまり、神仏の代理人として、受者である出家者《しゅっけしゃ》が布施を受けるとき、穢れがあってはならないわけです。

そうした信者の真心を慮《おもんぱか》ることなく、布施に対する祝福の思いもなく、単なる金銭の授受としか見ることができないのは極めて低俗《ていぞく》な見方であり、宏洋氏の宗教的無知の表れであると言えるでしょう。

地道に努力精進《しょうじん》する人たちを「マシーンだ」と見下す慢心《まんしん》

また、宏洋氏は幸福の科学で真面目《まじめ》に活動する信者のみなさまや職員等に対し、「バカだ」「マシーンみたいだ」「頭が悪い」などと見下すようなことがあるというのは、複数の証言者が語っていることでもあります。【※4】

宏洋氏にとっては、地道にコツコツと修行を続けたり、使命感を持って救世運動に取り組んだりしている人を見ると耐《た》えられないのでしょう。自分自身の努力を惜《お》しみ、一発逆転、大きなことをやって世間《せけん》の耳目《じもく》を集め、自らの天才性を認めさせようとして躍起《やっき》になっていると、真面目な人が着実に前進をしていくという姿は認めたくないのかもしれません。

こうした精進《しょうじん》の力を否定して結果だけを求める心は、貪《むさぼ》りの心であり慢心《まんしん》であると言えます。また、「いくら奇抜《きばつ》な行為や言動で一時的に注目を浴びても、実は自分自身が笑いものにされているだけ」という現実に気づけないことの愚《おろ》かさもあるでしょう。

結局、宏洋氏の根深い問題は、「縁起《えんぎ》の理法《りほう》」という仏法真理《ぶっぽうしんり》の本当の価値を本質的に理解できない、という「宗教的無知」にあると言えます。

幸福の科学だけではなく他のメジャーな宗教の教えも学んでいない宏洋氏

宏洋氏は「メジャー宗教とSFとオカルトをミキサーで混ぜて発酵《はっこう》させたようなのが幸福の科学の教えだ」（一二七ページ）と言っていますが、これについてはどうでしょうか。

幸福の科学では、愛について、「愛する愛」「生かす愛」「許す愛」「存在の愛」という発展段階があると説かれており、「真説・八正道《はっしょうどう》」における悟りへの道と結びつけて説明されていますが、この「愛の発展段階説」は、従来の宗教では「愛は愛、悟りは悟り」としていた「愛」と「悟り」を一体のものとすることによって、仏教とキリスト教を融合《ゆうごう》させた、思想史上における独創であり、幸福の科学が世界宗教としての教義の体系性を持っていることを示す核《かく》の部分でもあります（『悟りの発見』より）。

また、幸福の科学では、北朝鮮《きたちょうせん》の核開発の問題や中国の全体主義国家化の問題、コロナウィルスやウクライナ－ロシア戦争、地球温暖化やＬＧＢＴＱの問題など、メジャーな宗教でもＳＦでもオカルトでも導き出すことのできない現代の問題について、その価値判断を示しています。

さらに、仕事・経営の方法などについての具体的な教えが説かれ、それらを実践《じっせん》して実社会で成功していく人を多数輩出《はいしゅつ》していることから見ても、決して、〝空想や妄想に基《もと》づいた教え〟などと片付けられる内容ではないでしょう。

以上のことから、**「メジャーな宗教とＳＦとオカルトをミキサーで混ぜて発酵させたようなのが幸福の科学の教えだ」**というのは、いかにも宏洋氏流の宗教的無知に基づく皮相な決めつけであり、こうした粗雑《そざつ》な物言いしかできない宏洋氏は幸福の科学や他のメジャーな宗教の教えをしっかりと学んでいないということを自ら告白したにすぎません。

「幸福の科学の教えは、ぜんぜん体系化されていない」という発言は、教えを勉強していない証拠《しょうこ》

宏洋氏は「幸福の科学の教えはぜんぜん体系化されていないけれど、ベースにあるのは自己啓発《けいはつ》とＳＦ的な世界観だ」（一四五ページ）と言っていますが、「体系化されていない」というところについてはどうでしょうか。

まず、幸福の科学の基本三法（『太陽の法』『黄金の法』『永遠の法』）について、『永遠の法』の「まえがき」では、「人生の真理を網羅《もうら》した、法の巨大《きょだい》な体系、数千年以上の視野をもって、諸如来《しょにょらい》、諸菩薩《しょぼさつ》たちの活躍を語る時間論、そして、この世を去った実在界の次元構造を明確に説明しつくす空間論、この三本の柱が、エル・カンターレの法を特徴づけるものです。本書は、『太陽の法』（法体

系）、『黄金の法』（時間論）に続いて、空間論を開示し、基本三法を完結する日的で書き下ろしたものです。これでエル・カンターレの法の輪郭《りんかく》が見えてきたことでしょう。」とあります。

ここでは「法体系」というキーワードが『太陽の法』の説明として述べられていますが、幸福の科学の最初の理論書である『太陽の法』から「法体系」を意識されていたことが分かります。

また、立宗《りっしゅう》してから二年間で「幸福の原理」「愛の原理」などの十大原理を説かれましたが、『幸福の科学の十大原理（下巻）』「改訂《かいてい》・新版へのまえがき」に「十本の基本講演で、幸福の科学の教えの骨格が固まった」とあるように、やはり始めから法の輪郭、構造を示すことに注力されていたことが分かります。

さらに、幸福の科学の基本書の一つである『幸福の法』では、「教学としては、『愛』『悟り』『ユートピア建設』の三つを核にして、いろいろなことを説いているのです。」とあるように、『太陽の法』を始め、さまざまな経典において、「愛」「悟り」「ユートピア建設」の教えがいろいろな角度から説かれています。教えの核があり、さまざまな教えが展開しているのであって、個別バラバラな内容で教えを説いているのではないのです。

『太陽の法』について詳《くわ》しく見てみると、例えば第3章「愛の大河」では、第一節「愛とは何か」、第二節「愛の存在」、第三節「愛の力」といったように愛についての問題提起から始まり、愛とはどのような存在か、愛の持つ力とはどのようなものかなど、秩序《ちつじょ》だって論が展開されており、愛について体系的に学ぶことができます。

そして、第六節では「愛の発展段階説」が論じられていますが、愛の発展段階説そのものが、一つの体系であり、愛と悟りを架橋《かきょう》する理論となっています。

「体系」とは、「個々の認識を一定の原理に基づいて論理的に統一した知識の全体。」（『明鏡国語辞典』より）という意味ですが、「愛」と「悟り」を相互《そうご》に関連付けて、論理的に統一した発展段階説として結実している点から考えても、「体系化されていない」というのは当てはまりません。

大川総裁は、「大川総裁の読書力」というテーマで職員からインタビューを受け、「体系的な発想」をいつごろから持っていたのかということについて尋《たず》ねられた際、「中高生時代あたりにはありましたね。全体を個別に勉強するのと、全体的・総合的に知りたくなる感じはありました」と答えており、受験勉強として絞《しぼ》り込んでやるだけでなく、一通り学ぶ発想を持って勉学に励《はげ》んでいたことも述《じゅっ》懐《かい》しています（『大川総裁の読書力』より）。

『人間学の根本《こんぽん》問題』には、幸福の科学の教えについて「『哲学《てつがく》でもある体系をつくり上げたい』と強く願っているわけです。」と記されているように、大川総裁は「教えの体系をつくり上げたい」と強く願われています。

また、『幸福の科学とは何か』の「あとがき」にも、「体系立って幸福の科学の理論を説いた」とあるように、体系化を意識して教えを説かれているのです。

さらに、『フランクリー・スピーキング』では、「『法の体系』を教えるのが、その意識なのです。この意識のことを『エル・カンターレ』と呼んでいるのです。」とあるように、主なる神エル・カンターレであられる大川総裁の役割が法の体系を教えることだと説かれています。

このように「法の体系化」というものと大川総裁は、切っても切れないものであり、宏洋氏の「体系化されていない」という発言は、同氏が「教えを勉強していない」ということにほかならず、まったく真実ではありません。

四正道《よんしょうどう》の実践《じっせん》によって得られる幸福感を感じることができない哀《あわ》れさ

書籍のなかで宏洋氏は、幸福の科学の基本教義である「四正道《よんしょうどう》」について、次のように書いています。

『四正道』は、基本的な教えだけれど、はっきりいって大したことはない。愛・知・反省・発展（プラス思考）を大切にしなさいというくらいの意味で、その辺の自己啓発書に書いてありそうな内容だ。」（一四六ページ）

はっきり言って、これを「大したことがない」としてしまう宏洋氏自身のほうが「大したことがない」と言われてもしかたがないことでしょう。これまで宏洋氏の人となりをさまざまな出来事から紹介《しょうかい》してきましたが、勉強の嫌《きら》いな彼が「その辺の自己啓発書」というものも、はたしてどこまで読んでいるかは分かりません。

愛・知・反省・発展の四項目《こうもく》からなる四正道とは、巷《ちまた》の自己啓発書等とはまったく異なる宗教的知性の結晶《けっしょう》であり、人間を幸福にするための奥深い教えです。

幸福の科学では、多くの信者がこの四正道を十年、二十年、三十年と探究し続け、実践《じっせん》し続け、その過程で悩《なや》みや苦しみを解決し、「悟りという名の幸福」をさまざまにつかんできています。

この悦《よろこ》び、この幸福感を、欠片《かけら》ほども感じることができないというのは「哀《あわ》れ」でしかありません。大川総裁のもとに生まれながら、この教えの価値に気づかないまま齢《よわい》を重ねてきてしまったというのであれば、それは「法とは無縁の人生」であったと言わざるをえないでしょう。

宏洋氏の不幸な人生に足りないのは「四正道《よんしょうどう》の実践《じっせん》」

大川総裁が説く四正道《よんしょうどう》は、人間を幸福にするための、主なる神から与《あた》えられた方法論です。その教えの重要性ゆえに、大川総裁は、繰《く》り返し、さまざまな切り口で説法《せっぽう》をされています。

ところが、今回の書籍を通して、宏洋氏はこれを全くといってよいほど勉強していないことが露呈《ろてい》しました。理解できておらず、実践《じっせん》もしていない。だから、今、不幸になっているのでしょう。

実は、四正道とは、人間の魂の進化速度を最高度に速める教えであると説かれています。

この教えを素直《すなお》に行《ぎょう》じれば、不幸から脱却《だっきゃく》して幸福になり、さらに精神性の高い徳ある人間へと生まれ変わることができるのです。

①愛――奪《うば》う愛の苦しみから、与《あた》える愛の幸福へ

「愛されたい」「評価されたい」「もらいたい」「自分のものにしたい」……現代人が「愛」だと思っているものの多くは、実は本当の愛ではありません。それらは求めても求めてもきりがなく、求めれば求めるほど、かえって苦しみが深まっていくのです。これを「奪《うば》う愛」といいます。

まさに、宏洋氏の行いは、この「奪う愛」そのものです。地位や名誉《めいよ》、財産、世間からの注目、さまざまなものを欲《ほ》しがり、奪いたがる。努力が嫌いなのに、自分には才能があるとうぬぼれ、他人からの厳しい意見には耳を傾《かたむ》けず、ひたすら自己愛に浸《ひた》る。ナルシストゆえに、極《きわ》めて自己中心的で、自分は周りからかしずかれ与《あた》えられて当然だと思っている節《ふし》があります。

要は、自分だけが幸福になれればいいのであって、他の人たちの幸福は眼中にないのでしょう。自分を育ててくれた人々、特に父親である大川総裁に対しては感謝の欠片《かけら》もなく、世間からも異様に感じられるほど嘘八百を重ねて攻撃《こうげき》し続けています。

しかし、本当の愛とは「与える愛」です。自分から愛を与えると損をしてしまうと思い、なかなか踏《ふ》み出せないのが世の常です。けれども、愛したことの見返りは神からくる――ここに大宇宙の秘密があるのです。

愛の根源には大宇宙の創造主がおられます。この宇宙は神の愛によって創造され、愛のエネルギーが循環《じゅんかん》しています。私たち人間にも神の愛は宿っています。したがって、神から惜しみなく与えられた愛を自分だけのものとせず、他の人々にも分け与えることで、愛は自分に返ってきます。すべての存在は神の愛の大河の流れのなかにあるのです。これが、神によって創られた被造物《ひぞうぶつ》である人間のあるべき姿なのだと言えます。そして、与える愛は、見返りを求めない無償《むしょう》の愛であり、透明《とうめい》な風のごときものであるとも言えます。

しかし、残念ながら宏洋氏はこの逆を行っています。

そのように暴れている宏洋氏の心のなかに潜《ひそ》んでいるのは、無限に愛を吸い込み続ける深い闇《やみ》かもしれません。いくら愛を与えられても満足しないので、初めは善意で与えている人たちもやがて疲《つか》れてしまいます。そして、少しでも意見しようものなら、彼の態度は豹変《ひょうへん》して相手を罵倒《ばとう》し始めます。そうして彼のもとから人が離《はな》れていくのです。このようなことを延々と繰り返しているように見えます。

そこにあるのは、やりきれないほどの孤独《こどく》感と劣等《れっとう》感かもしれません。宏洋氏は大川総裁をコンプレックスの塊《かたまり》であるかのように主張していますが、父親をこき下ろすことで「実は、自分自身こそが劣等感の塊である」という現実から目を背けようとしているにすぎないのではないでしょうか。

宏洋氏の闇を救うのは、ほかならぬ本人の心です。すなわち、人のせい、環境《かんきょう》のせいにして逆恨《さかうら》みし、人から愛を奪って空虚《くうきょ》な心を充足《じゅうそく》しようとするのをやめ、どれほど多くの人から与えられてきたかを思い起こし、そのことに感謝することです。そして、人生修行《しゅぎょう》の場とあらゆる環境を用意してくださっている主なる神に感謝することです。そこから、新しい人生が始まることでしょう。

②知――仏法真理《ぶっぽうしんり》を学び、実践《じっせん》して智慧《ちえ》を得る

人生の苦しみは「奪う愛」から生まれることを述べました。では、なぜ人は愛を奪うのでしょうか。それは、本能のままに生きれば奪うばかりの人生を生きることになるからです。そして、そのことに気づかないまま、動物的な生存に生きる苦しみの転生輪廻《てんしょうりんね》を繰り返していきます。その明かりのない状態のことを、仏教的には「無明《むみょう》」といいます。その流れから脱出するために必要なのは無知の自覚です。無明で手探《てさぐ》りで生きるかぎり、出口のない旅が終わることはありません。こうした人生を照らす光こそ仏法真理《ぶっぽうしんり》なのです。

この世には、さまざまな学問や仕事で必要な知識等、学ばなければならない知識はたくさんありますが、魂修行という観点から見ると、人間が学ぶべき最重要なものは、神の御心《みこころ》・お考えなのです。

大川総裁が説く教えとは、根源なる神、根本仏が大宇宙に張り巡《めぐ》らせた普遍の法則です。その法則とは「原因・結果の法則」（縁起の理法・因果の理法）といわれるものです。

人生の途上《とじょう》で起きてくる幸・不幸には、必ず、それを引き起こしている原因があります。人は、仏法真理を学ぶことで、人生の不幸を幸福へと変える力を手にすることができるのです。したがって、仏法真理を学ぶということは、いわば〝人間としての義務教育〟のようなものだと言えます。宏洋氏の行動に一貫性《いっかん》がなく行き当たりばったりに見えるのも、この「知」が持っている偉大《いだい》な力を知らないからかもしれません。その力がどれほど自分自身を変えるかを知らなければ、真理探究への情熱がわいてこないのも無理はありません。

また、知るべきことは山ほどあります。この世とあの世の違いを知ること。天国と地獄《じごく》の違いを知ること。どういう思いと行いを持てば、天国に還《かえ》れるのかを知ること。どうすれば自分も家族も社会も幸福になれるのかを知ること――。今、大川総裁から、一生かけても学び尽くせないぐらいの「知」の法門《ほうもん》が宝の山として私たちに与えられているということは、この上なくありがたいことです。

本来、知ることは喜びであり、学んだ知識を実際に自分自身で実践《じっせん》してみることで、その経験から智慧《ちえ》が生まれます。その智慧が、人生の途上で出てくる苦難困難を打ち破る力となるのです。そして、真実の智慧の探究の先に開けてくるのが、高い認識力と幅広《はばひろ》い識見、深い洞察力《どうさつりょく》、「悟りの世界」でもあるのです。「知は力」です。「知」を求める原動力となるのは、「大志」であり、そのもとにあるのは「真実を探究する強い情熱」なのです。

一方、宏洋氏はそもそも勉強が嫌いであり、「努力精進の教えは自分に合わない」というスタンスで、学生時代も授業中によく居眠りをしており、基本は一夜《いちや》漬《づ》けであったといいます。志《こころざし》が低く、遊びが好きで、「怠《なま》け者の思想」を体現しているような人でもあります。よって、非常に「知が弱い」のにも理由があるでしょう。そのため、判断力や先見力も弱く、人生の諸問題についても、問題解決する術《すべ》を持たないわけです。

なお、宏洋氏の知の弱さをもたらすものとして、「激しい思い込み」もあるかもしれません。幸福の科学についても、思い込みで「こうだ」と決めつけて、事実からかけ離れた批判を繰り返していますが、知的に正直であろうとするならば、正しい情報、最新の情報を精査すべきではないでしょうか。

そうした努力もせず、虚実《きょじつ》とりまぜた思い込みで発信している宏洋氏の情報を鵜呑《うの》みにするのは、信用を重んじる報道機関等にとっては極めて危険な罠《わな》でしょう。宏洋氏による先の著作の捏造《ねつぞう》性が各種裁判でも認定されていますが、事実でないことを悪びれずに本当のことのように語る宏洋氏の言説を真に受けて便乗し、みすみす共倒《ともだお》れになる道を行くことのないよう、衷心《ちゅうしん》から祈《いの》ります。あるいは、損切り覚悟で初めから彼を悪用するような邪心《じゃしん》を持つ企《くわだ》てを試みることのないよう、警告いたします。

③反省――正しい仏法真理《ぶっぽうしんり》を物差しとして、人生の軌道《きどう》修正をする

反省とは、正しい仏法真理《ぶっぽうしんり》を物差しとして、人生の軌道《きどう》修正をすることです。生きていれば、誰《だれ》しもが過《あやま》ちを犯《おか》します。しかし、大切なことは、その過ちを放っておくのでなく、修正し清算することです。

しかし、宏洋氏は悲しいことに反省が苦手です。実際に、宏洋氏と付き合ったことのある人が共通して感じることは、彼は何か問題が起きると、原因を他の人のせいや環境のせいにしようとするということです。無責任体質なのです。そして、他罰《たばつ》的な性格であることがネット上でも指摘されています。

人間の魂は、本来、神仏から分かれた光り輝《かがや》く存在です。しかし、ネガティブ

な悪《あ》しき思いや行いを持つと、曇《くも》ってしまいます。心の曇りが神仏の光を遮《さえぎ》ると、今度は、その波長に同通した悪霊《あくれい》がやってきます。すると、人間関係に不調和が起きたり仕事で失敗したりするようになるのです。これによって不幸が始まります。

反省とは、こうした心の曇りを吹《ふ》き払《はら》い、悪霊を遠ざけ、本来の光り輝く仏の子としての自分を取り戻《もど》すことです。これは単に自分の行為に○×を付けることではありません。「なぜそうしたことを思ったり行《おこな》ったりしたのか」、その原因について、自分自身のものの見方や考え方、実際の因果《いんが》関係等をつぶさに検証し、「では、どうすればよかったのか」という、未来に向けての積極的な検証も含《ふく》めて、自分の心の傾向《けいこう》性を修正していくのが本当の反省なのです。

反省の出発点として、「自己責任」という考え方を受け入れることができなければ、反省は進みません。

宏洋氏の場合、自分のことは棚《たな》に上げ、自分を見つめることから逃《に》げてしまうところがあります。子供のころから、自分に都合《つごう》が悪くなると逃げ出す癖《くせ》があり、周囲の人間が尻《しり》ぬぐいするケースも多々ありました。しかし、反省は他の人に代わってもらうわけにはいきません。自分の心は自分にしか浄化できないからです。

宏洋氏の発信物を見ると、「世間が悪い」「環境が悪い」「他人が悪い」のオンパレードであり、それに対して善意から忠告するコメンテーターも少なくないものの、その声に耳を傾けることはほとんどないようです。いい年をして、まだ大人になれていないということでしょう。

幸福の科学では、大川総裁が八正道をはじめとするさまざまな反省の方法を説いています。その方法に従って、日々、地道に訓練を続けていくうちに、自分のあり方を客観的に見ることができるようになり、誰もが反省ができるようになっていきます。

つまり、反省できないということは、言葉を換《か》えれば「自己客観視できない」ということでもあります。宏洋氏は自分中心の「天動説型《てんどうせつがた》」の考え方をしているために、「自分の考え」あるいは「自分のことを肯定《こうてい》する声」以外は聞けないのです。

したがって、今、「自分が最高」と思うところに対し、もっと自分を律し、自分に厳しくなって、どの程度の客観性があるかを検証すべきでしょう。

また、反省ができないということは、煩悩《ぼんのう》に振《ふ》り回され、自分の欲をコントロールできない「自制心のない人間」だということでもあります。自己を抑制《よくせい》できない人が感情のままに情報発信をしていくのは、無責任に毒水を垂れ流していくようなものです。「反省なくして悟りなし」「反省なくして真の幸福発展なし」と知り、これ以上、精神的な公害をまき散らすことのないよう、強く求めたいところです。

④発展――自《みず》らを磨《みが》きつつ世の中に幸福を広げる

そして、四正道のうち、発展とは、自《みず》らを磨《みが》きつつ世の中にも幸福を広げていくことです。その先にある地上仏国土《ぶっこくど》ユートピアの建設を目指すことです。この教えは、従来の宗教ではあまり見られない内容ですが、未来型宗教である幸福の科学では、「この世とあの世を貫《つらぬ》く幸福」を掲《かか》げています。それは、この世での幸福な生き方があの世の幸福につながるような生き方です。

個人においては、この発展には自己実現の部分も含まれています。持続して発信する思い（願望）は必ず実現するという法則があります。ただし、その内容の良し悪しにかかわらず、強い思いは実現してしまうので、思いのコントロールが必須《ひっす》となります。自分はよくても他人を不幸にするような間違った願望は、結果として自分自身をも不幸にさせてしまうからです。したがって、自分の幸福が他の人の幸福につながるような生き方をすることが大切です。これを「利自即利《そくり》他《た》」と呼んでいます。

一方、宏洋氏が求めている発展とは〝濡《ぬ》れ手で粟《あわ》〟のように、努力せず楽をして成功するような、バブル的発展のように見えます。

努力をしないで結果だけ欲しがると、「とにかく目立てば、その中身は嘘でもいい。注目を集めればいい」といった、手段を選ばない生き方になる恐《おそ》れがあり、「自分さえよければ、他の人は不幸になってもいい」という、わがままで利己的な発展になりかねません。

また、発展は、この世の世界において、もう一段、積極的で力強い発展・繁栄《はんえい》を実現し、この世での幸福を推《お》し進めていく考え方でもあります。このなかに、宗教を中核としながらも、政治・経済・教育・思想・芸術・文化・科学等、さまざまな分野における発展が入っています。幸福の科学がグループとしてさまざまな事業展開をしている理由も、仏法真理のもとで幸福を具体化していくための新たなモデルを提示し、新文明創造の礎《いしずえ》を築くためであり、単なるこの世的事業拡張のためではありません。多くの人を幸福にしていく発展を目指しているのです。

一方、宏洋氏が考えるような、他人の不幸の犠牲《ぎせい》の上に成り立っている成功は長続きできません。

こうした発想は「画皮《がひ》」という妖怪《ようかい》のようでもあります。画皮とは、もともとは「人間の心臓を食べて、自分の皮膚《ひふ》を美しく保つ」存在ですが、現代における画皮は、容姿や着るもの、美辞麗句《びじれいく》、学歴や肩書《かたがき》、会社の名前や家柄《いえがら》、財産などで自分の外側を飾《かざ》っているようなものに潜んでいます。その外側の見てくれを武器に、人をたぶらかし、自分の欲しいものを相手から奪うわけです。

宏洋氏もまた、男《おとこ》画皮と言えるでしょう。「宏洋氏が〝発展〟しようとすると周りは不幸になる」というのは、幸福の科学の数多くの関係者が経験済みです。彼に興味を抱《いだ》き、無防備に近づくことによって、何らかの被害を受け、後悔《こうかい》することがないよう、あらかじめ考える材料として過去の出来事を提供いたしました。

以上、宏洋氏が**「大したことはない」**（一四六ページ）と見向きもしない四正道の教えのなかに、彼自身の生き方を見つめ直すための大切な考え方が数多く入っていることを説明しました。

相手の気持ちが分からない宏洋氏の自分勝手な嘘《うそ》に騙《だま》されるなかれ

幸福の科学では、この教えによってあらゆる人が幸福になれる道があると考えています。それは、今日も世界中のどこかで、幸福の科学の信者たちが実証し続けていることでもあります。

本章での数多くの証言を通し、宏洋氏という人物に対して「呼吸をするように嘘《うそ》をつく」と巷間《こうかん》で囁《ささや》かれている声が改めて裏打ちされるかたちとなりました。

結局、宏洋氏は自分の認識の範囲《はんい》でしか、幸福の科学のことや大川隆法総裁のことが分からず、思い込みや自分勝手な考えのもと、嘘をついているのです。

また、すでに何度も指摘しているとおり、「ワンマン」であるとか「お金を使うのが下手《へた》」であるとか「自分に向かって吠《ほ》える（批判する）」人を徹底《てってい》的に攻撃するパワハラ体質など、宏洋氏の持っている大川総裁像というのは、実は自分自身のことを言っていることが多いのです。自分の気持ちしか分からず、相手の気持ちが分からない。だから、自分の問題を常に他者のせいにして攻撃《こうげき》するための〝被害者《ひがいしゃ》ポジション〟を確保すべく、都合《つごう》のよいように事実を捻《ね》じ曲げる行為《こうい》は、本人にとってはごく当たり前の本能的感覚なのでしょう。まっとうな社会人としては、とても信頼《しんらい》に足る人物とは言えません。

コロコロと言い分が変わる宏洋氏の渾沌《こんとん》としたワールドに巻き込まれていくと、

もはや無秩序《むちつじょ》の世界が現出するしかなくなります。宏洋氏のように心の価値が分からない人物には宗教を語る資格などないと言えます。

そのため、宗教の公益性、公的使命から見て、彼の行状を許すことはできません。宗教の観点からその罪を正し、正義を明らかにしていかないといけません。

しかしながら、そうした人物の信用限度の低さを悪用し、使い捨てても厭《いと》わずにひと儲《もう》けを企《くわだ》てる一部マスコミの暴走ぶりも目に余ります。再三の警告をも無視して宗教を冒瀆《ぼうとく》する書籍《しょせき》の発刊を強行した幻冬舎《げんとうしゃ》の罪状とその汚名《おめい》は、後世に長く語り継《つ》がれていくことになるでしょう。

他の人たちからの愛ゆえのアドバイスに耳をかさず、自分を変えようとせず、他人や環境《かんきょう》が変われとばかりに批判や悪口を繰《く》り返す。そこにあるのは堕落《だらく》であり、地獄《じごく》への道です。

宏洋氏も知っているとおり、幸福の科学の根本経典《こんぽんきょうてん》『仏説《ぶっせつ》・正心法語《しょうしんほうご》』のなかの「仏説・降魔経《ごうまきょう》」にある一節の「宇宙の　叡智《えいち》に　刃向《はむ》かいて　逃《のが》るる　すべは　なかりけり」です。やがて因果《いんが》は巡《めぐ》ってきます。

どうか、これ以上の妄語《もうご》を慎《つつし》み、本書が宏洋氏にとって悔《く》い改めのきっかけとなることを望みます。

また、幻冬舎社長・見城徹《けんじょうとおる》氏がこうした事実を踏《ふ》まえて、良識と誠意のある対処を決断するのか、それとも、なお後ろ暗い情動に衝《つ》き動かされるかのごとく、宏洋氏と破滅《はめつ》の運命を共にするのか、今後の動きを注視したいと思います。

●参考書籍

※1『直撃インタビュー 大川隆法総裁、宏洋問題に答える』
※2『宏洋問題「転落」の真相』
※3『信仰者の責任について』
※4『宏洋問題の深層』
※5『宏洋問題「甘え」と「捏造」』

第4章

幻《げん》冬《とう》舎《しゃ》・見《けん》城《じょう》徹《とおる》社長に申し上げる

幸福の科学 常務理事 広報担当

喜《き》島《じま》克《かつ》明《あき》

「炭火の上の焼鳥」

「炭火を熾《おこ》して金網《かなあみ》を乗せたところ、いきなり焼鳥になることを志願して、見《けん》城徹《じょうとおる》社長が飛び込《こ》んできた感じである。」

幻冬舎《げんとうしゃ》・見城徹社長の守護霊霊言《しゅごれいれいげん》『天才の嗅覚《きゅうかく》』の冒頭《ぼうとう》は、大川隆法《おおかわりゅうほう》総裁によるこのような「まえがき」で始まっている。二〇一六年一月、石原慎太郎《いしはらしんたろう》書き下ろしの田中角栄《たなかかくえい》のノンフィクションノベル『天才』の広告に「石原慎太郎が田中角栄に成り代わって書いた衝撃《しょうげき》の霊言！」というキャッチコピーを書いたのが見城徹氏であろうことは、霊的には分かっている。

「霊言」という、真正の霊能者《れいのうしゃ》でないとできないことを、霊能者ではない人がやろうとしたらどうなるか。

大川総裁は「創作では書いてないので、『フィクション』や『ノベル』（小説）

は『霊言』とは呼ばない。」と、傍線《ぼうせん》付きで「あとがき」の中でピシッと注意されている。

かくして見城徹社長の守護霊は、大川総裁によって幸福の科学の特別説法堂《せっぽうどう》に呼び出され、四人の論客にかっかと燃える木炭の炎《ほのお》のような質問を浴びせられ、隠《かく》していた本音や、潜在《せんざい》意識で考えていること、過去世《かこぜ》の生まれ変わりまで含《ふく》めて、洗いざらいさらけ出され、こんがりと料理されてしまった。

それから七年。見城徹社長は、また「焼鳥」になることを志願して、金網の上に飛び込んできたのだろうか。しかし、今度の炎はやさしい炭火でこんがりと、というわけにはいかないかもしれない。何しろ選んだ著者が宏洋《ひろし》氏である。霊的には、今引き返さないと「地獄《じごく》の業火《ごうか》」で焼かれることになるかもしれないと、宗教者として、脅《おど》しではなく、善導するための慈悲《じひ》の言葉として伝えておきたい。

大川隆法総裁はまさに地上に降りた「主なる神」

大川隆法総裁として今世地上に降りられた「主エル・カンターレ」は、霊的事実として「再誕の仏陀《ぶっだ》」であり、「地球の至高神」であり、「宇宙の根源神」と一体の存在である。「造物主」であり、人類を含めた全ての生きとし生けるものの「魂《たましい》の親」である「主なる神」なのだ。

イエス・キリストが「天なる父」と仰《あお》ぎ、イスラム教にとっての「アラーの神」であり、中国では古来「天帝《てんてい》」として崇《あが》められ、日本神道《しんとう》では根源神「天御《あめのみ》祖神《おやがみ》」その方である。そのような方が、唯物《ゆいぶつ》主義で行き詰《づ》まった地球文明を、霊性と科学が高い次元で融合《ゆうごう》した、宇宙に通じる高度な精神文明に導くために、現代の地球で、東洋文明と西洋文明が交わる日本に生まれられた。そこから世界に新文明の創造を発信するためである。

主エル・カンターレ、大川隆法総裁は、肉体を持った人間としても、最高度の知性と理性と感性と悟性《ごせい》を備えられ、愛深く、智慧《ちえ》に満ち、勇気溢《あふ》れ、それでいて常に謙虚《けんきょ》に努力に努力を重ねられる理想の人格者である。そのご説法は格調高く、時にユーモア溢れ、多くの人の心を鼓舞《こぶ》し、高みに導くものだ。

その至高神である大川隆法総裁は、ご家庭においても本当に慈悲深い父親であった。私は秘書として、また子供たちの教育係として一時期お近くで仕えさせて頂く機会があったが、お近くで接しさせて頂いても、その人格の光、慈悲の深さは圧倒《あっとう》的なものだった。

宏洋氏はまさに「主なる神に弓を引いた男」

大川総裁は五人の子供たちをもうけられ、その長男である宏洋氏は、父親である大川総裁に、傍目《はため》から見ても本当に愛情深く育てられてきた。残念ながら数多くの親不孝を働いてきた宏洋氏だったが、大川総裁は宏洋氏に何度も何度も再チャレンジのチャンスを与《あた》えられ、まわりにいるスタッフ全てが宏洋氏を見限った時にも最後まで宏洋氏に味方され、まさに仏の慈悲を注がれて育《はぐく》まれてきた。

その宏洋氏が、主への嫉妬《しっと》と慢心《まんしん》と、自分の映画シナリオの宗教性の低さを指《し》摘《てき》され却下《きゃっか》されたことへの逆恨《さかうら》みから、五年前の二〇一八年以降、YouTube上で誹謗中傷《ひぼうちゅうしょう》を繰り返すようになった。

翌二〇一九年には週刊文春に、大川総裁が有名タレントとの結婚《けっこん》を強制したなどという嘘《うそ》だらけのインタビュー記事を掲載《けいさい》した。その後もYouTube上でとんでもない嘘と悪口の動画を上げ続け、二〇一九年六月には懲戒免職《ちょうかいめんしょく》とともに破門《はもん》になった。

そして三年前、二〇二〇年三月には一冊目の大嘘本『幸福の科学との訣別《けつべつ》』（文藝春秋刊《ぶんげいしゅんじゅう》）を発刊。この本については幸福の科学側が名誉毀損《めいよきそん》の裁判を起こし、今年二〇二三年八月に最高裁で宏洋氏の数多くの嘘が認められ、幸福の科学の勝訴《しょうそ》が確定している。

第2章でも述べた通り、これまでに宏洋氏は幸福の科学との裁判で十連敗。数多くの嘘による名誉毀損と、計六百七十一万円もの損害賠償《ばいしょう》が認められている。信用は地に堕《お》ち、表のメディアにはどこにも出られず、炎上《えんじょう》系底辺YouTuberとして手あたり次第《しだい》の悪口動画で糊口《ここう》をしのいできた。

「関係した人全てを不幸にする疫病神《やくびょうがみ》」宏洋氏

しかし、宏洋氏はその行動から「好意を持って手を差し伸《の》べてくれる人を一人残らず裏切って不幸にする」「関係した人全てを不幸にする疫病神《やくびょうがみ》」として有名になり、誰《だれ》からも相手にされなくなっていった。まさに幸福の科学の中にいたときと同じことを、外でも行《おこな》っていったのだ。

その結果、いよいよ手詰《てづ》まりとなったときに「好意を持って手を差し伸べた」のが幻冬舎の箕輪厚介《みのわこうすけ》編集者と見城徹社長だ。

今回の担当編集者の片野貴司《かたのたかし》氏は、幸福の科学の若手信者が幻冬舎に送った真情溢れる抗議《こうぎ》の私信を、本人に断りなく宏洋氏に送ってX《エックス》（旧・ツイッター）上で晒《さら》し、大勢のアンチによって誹謗中傷させるという、およそ社会人・仕事人としての道義に反する行いをした人物であり、同罪だ。

この三人がこの後どうなるかは、時間が教えてくれるだろう。過去、宏洋氏と関わって深い関係を持った旧NHK党の立花孝志《たちばなたかし》氏や黒川敦彦《くろかわあつひこ》氏、政治家女子48党の大津綾香《おおつあやか》氏らは一人残らず、最初は良くても後《のち》には裏切られ、散々な罵詈雑《ばりぞう》言《ごん》をYouTube動画で浴びせられた。見城徹社長にも、今からでも遅《おそ》くないから引き返してほしいと、見城氏自身のために切に祈《いの》る。

幻冬舎・見城徹社長は霊的に見てどのような人か

見城氏の霊的本質は、二〇一六年一月発刊の守護霊霊言『幻冬舎社長　見城徹　天才の嗅覚』を読むとよくわかる。

まず大川総裁による事前説明から見て行こう。

見城社長は自分に〝異常性〟があることは感知している

幻冬舎という出版社は、ややファナティックなところがあるというか、挑戦《ちょうせん》的な出版社なのです。

(見城氏は)『編集者という病い』のなかでは、「顰蹙《ひんしゅく》は金を出してでも買え!!」などと書いています。また、『異端者《いたんしゃ》の快楽』という本もありますが、このように、多少、自分に〝異常性〟があることは感知しておられるようではあるのです。

その事例として、大川総裁は幻冬舎が創立まもない一九九四年三月二十五日に出した広告について述べている。

幻冬舎の広告で、私が覚えている最初のものは、朝日新聞に出した全面広告です。(中略)私は、それを見て、「ああ、潰《つぶ》れるかもしれない」と、すぐに思ったことを覚えています。

「勝負師だなあ」とも感じていたのですが、幸いに評判を呼んで成功なされました。(中略)やはり、編集者としては非常に能力の高い方であり、天才性のある方でありましょう。

このように大川総裁は、まずは見城徹社長の編集者としての能力を認めている。

しかし、見城氏は「霊的なことは信じている」けれども、霊的な知識は不十分であった。作家の石原慎太郎氏に小説として「霊言」を書かせたところにそれは表れている。

（石原慎太郎の）『天才』については、「作家として、霊言というものが小説で書けるかどうか試《ため》してみたかった」ということに加え、「からかった」というようなことが半分ぐらいではないでしょうか。やはり、「からかい半分、挑戦半分」ぐらいのところだと思います。

ただ、霊言としては失敗しているでしょう。私の霊言は、読むと〝声〟が聞こえてくるのです。つまり、霊言をしている人の声、例えば、田中角栄の声が、ちゃんと聞こえてくるわけです。ところが、慎太郎さんのものを読むかぎり、最初の二ページぐらいまでは、田中角栄風に書けているけれども、そのあとだんだん慎太郎さんの言葉になってきています。彼が自分の言葉で書いているものであることは明らかなので、やはり無理だったのかなという気はするのです。（傍線は筆者）

見城氏の守護霊によれば、見城氏は、「一兆円のリセッション」と言われる出版不況《ふきょう》の中で、どうやら大川総裁が開いた「霊言マーケット」の大きさに嫉妬し、自分も参画したいと思ったようだ。しかし、霊言というのは本物の霊能者でなければできないことであり、金儲《かねもう》けのためにまがい物を作ることは決して許されないことだ。

見城氏は「怪物《かいぶつ》」

石原さんも見城さんも〝怪物〟でしょう。「作家としての怪物」だし、「編集者としての怪物」だと思います。また、「そういう怪物が、私を〝怪物〟の仲間に認定してくれようとしているのかな」という気持ちがないわけではないことも確かです。

この「怪物」という言葉に見城氏は鋭敏《えいびん》に反応している。まさに霊的本質を衝《つ》かれたと感じたのだろう。意趣返《いしゅがえ》しのつもりか、今回の幻冬舎から出した宏洋氏の本の帯にも「時代が生んだ怪物」という言葉を使っている。また、最近出版された見城氏の弟子《でし》の編集者である箕輪厚介氏の著書も『怪獣《かいじゅう》人間の手懐《てなず》け方』というタイトルになっている。

幻冬舎という出版社は、霊的にはどうやら「怪物」「怪獣」ひいては「妖怪《ようかい》」「魔界《まかい》」というものに非常に近い世界に存在しているようだ。

その世界のことを霊的には「裏の世界」と言う。表の光り輝《かがや》く明るい神々に追い落とされた、天狗《てんぐ》や妖怪や仙人《せんにん》たちのいる世界だ。

天狗や妖怪など「裏の世界」の住人の特徴《とくちょう》

そのような「裏の世界」にいる天狗や妖怪たちの特徴はどのようなものか。その多くはこの世的には「仕事ができる」人たちだ。ただ、プライドが高くて慢心が強く、自己中心的で他者への愛がない。人を見れば利用できるかできないかで判断し、利用できるものには取り入り、利用できないものは歯牙《しが》にもかけない。一時期利用できたものも利用できなくなると使い捨て。勢いを好み、自分を実態より大きなものに見せようとして粉飾《ふんしょく》する。失敗しても人や環境《かんきょう》のせいにして事実を捻《ね》じ曲げ、叱《しか》られても反省ができない。

天狗は有名になって脚光《きゃっこう》を浴びることを好むが、妖怪は陰《かげ》に隠れて人を操作して自分は表に出ないことを好む。その天狗も色・金・欲に弱く、異性問題や不正問題、脱法行為《だっぽうこうい》が露見《ろけん》して、高く駆《か》け上がったところで高転びし、失敗することが多い。このあたりは、ぜひ大川総裁の著書『妖怪にならないための言葉』を読んで参考にしてほしい。

天狗・妖怪・仙人の危《あや》うさ

このように見てくると、天狗や妖怪、仙人の危うさが見て取れる。宏洋氏は霊的に見て天狗であることは分かっているが、最近では地獄のトップクラスの大悪魔との関係も指摘されている。

見城徹社長はどうであろうか。幻冬舎を立ち上げて破竹の勢いで駆け上がったのは良いが、ＭＢＯ（経営陣による自社買収）の際に自社株の買い占《し》めを仕掛《しか》けられ、最終的に億を超える余計な出費を強《し》いられたとされる痛手を負ったのは、天狗の高転びに近い現象であったと言えるのではないか。編集者の箕輪厚介氏も話題になった書籍《しょせき》を何冊か出した後、女性ライターにセクハラを行《おこな》ったことを週刊誌にばらされ、大きな痛手を負っている。

「仕事ができる」ことは良いことだが、大切なのは「多くの人を幸福にする方向で仕事ができる」ことである。金儲けを目的に話題性だけを追い、炎上商法で神を信じる人たちを傷つけ、社会の価値秩序《ちつじょ》を乱すようなことを繰《く》り返しているようでは、裏ではなく下の世界、地獄に堕ちる可能性が高くなってしまう。

現代マスコミの問題点

これは見城氏や幻冬舎だけでなく、現代の多くのマスコミにも言えることだ。昨今、旧統一教会の問題がクローズアップされているが、当会は九〇年代からその邪教性《じゃきょうせい》を指摘し、宗教にも正しいものと間違《まちが》ったものがあることを示してきた。しかし、多くのマスコミは唯物的考え方のもとに、新宗教全体を一緒《いっしょ》にして問題があるかのように扱《あつか》ってきた。その意味でマスコミの不見識が起こしたのが今回の旧統一教会の問題とも言える。善悪を無視して単に売れればいいという売り上げ至上主義が社会を狂《くる》わせ、大きな問題を引き起こしてきた。

マスコミも、その一端である幻冬舎も、神の心に適《かな》った正しい善悪の価値基準を持つことが大切なのだ。『地獄の法』では、地獄界には道をはずしたマスコミ関係者が死後に赴《おもむ》く新しい地獄も出来始めているという。もちろん善なる心を持ち、人を幸福にしたいと考えているマスコミ人もいると思うが、嘘や捏造《ねつぞう》で人を不幸にしてでも金儲けをしようと考えている人たちや、無神論に基《もと》づいて正しい宗教を迫害《はくがい》して恥《は》じない人たちは、容易に悪魔の世界に通じてしまうので猛省《もうせい》が必要だ。

見城徹氏の過去世《かこぜ》とは

ここで見城徹氏の過去世《かこぜ》について見ていきたい。

『幻冬舎社長　見城徹　天才の嗅覚』の中で、見城氏の守護霊はこう語っている。

見城徹守護霊　いや、私はねえ、ちゃんとあの世は信じてますすよ。（中略）よく読んでください。（中略）角川春樹《かどかわはるき》の弟子だったわけだから、そら、あの世は信じてますよ。そら、当たり前でしょう。「魔界マーケット」にどっぷり入ってたんですから。

直近の過去世は米相場師

質問者　非常にリスクを取られているので、（過去世は）「相場師」的なところですか？

見城徹守護霊　ああ、いいところきたねえ！　いいところきたねえ、やっぱり。

（中略）

質問者　実際に、昔から、ギャンブルではないですけれども、相場を張るような方だったのですか。

見城徹守護霊　「相場」という言葉を使ったね。それは当たりだね。それはズバッと当たった。（中略）まあ、米相場だよ。大阪《おおさか》のね。米相場をやってた。だから、投機商売は大好き。それをやってたのが、今、いちばん生きてる。

その前の過去世は亀甲占《きっこううらな》い師

見城徹守護霊　（米相場は）春先から早めにね、夏、秋を読まなきゃいけないから、そういう意味で、占い事にも近かった。今年一年の天候や、豊作かどうかの占いみたいなのを、ちょっと読まなきゃいけないわけでね。（中略）昔（さらに過去世）は、亀甲占いみたいなのもやってた。（中略）甘樫丘《あまかしのおか》（奈良《なら》県中部の明《あ》日香《すか》村北部にある丘）でね。亀《かめ》の甲羅《こうら》を湯のなかでグツグツ煮《に》て、ひび割れを見て吉凶《きっきょう》を占って、「出陣《しゅつじん》です」とか言ったりね。

古代中国では仙術《せんじゅつ》で金儲けをしていた

見城徹守護霊　その前は、古い中国でも、そういう意味での……、まあ、亀甲占いとはちょっと違うけども、道教《どうきょう》の源流みたいなあたりでね。中国にも、昔から占いみたいなものはあったんで。仙人だな。まあ、これは仙術だな。仙術と言うべきだな。

だから、仙人をやってたことはあるなあ。うーん。それで、けっこう金は儲けてた。都《みやこ》でね。（中略）卦《け》を見て判断するっていうことをやってたねえ。そういう意味では、あなたが言ったとおり、そうした「投機的なもの」や「占い的なもの」、「相場的なもの」には関心が強いわなあ。

このように見城氏の過去世を見ていくと、「米相場師」「亀甲占い師」「仙術使い」と、「裏」の天狗・仙人の世界の住人であろうことが見えてくる。しかも、いずれも金儲けに強く関わる過去世である。その転生輪廻《てんしょうりんね》で培《つちか》われた魂の傾向性《けいこうせい》は、現代の見城徹氏にも強く表れていると言えるだろう。

また、見城徹氏の守護霊はこのようにも言っている。

出版界のサバイバル戦争なのかもしれない

見城徹守護霊　「幻冬舎が仕掛けてきたぞ」というようなことで、「これは、もしかしたら、出版界のサバイバル戦争なのかもしれない」と思ってね。もう、みんな潰れるので、潰れる前に食い合う。お互《たが》い食い合う。「幻冬舎が幸福の科学出版を食うか、幸福の科学出版が幻冬舎を食うか。どっちが生き残るか」みたいなのだったら、面白《おもしろ》いじゃないですか。（体を乗り出しながら）こうなってくるじゃないですか。ね？　まあ、そういうふうに、たぶん取ってると思う。絶対。

「地獄《じごく》に行くところまでやらないと駄目《だめ》」

見城徹守護霊　（あなた方は編集者として）怒《おこ》られないでしょう？　だから駄目なんだよ。怒られなきゃ駄目なんだよ。「ここまでやるなよ」って言われなきゃ駄目なんだよ。（中略）

ただ、地獄《じごく》に行っても知らないけどね。それは、私は責任は取らない。（中略）君たちが「天国に行きたい」って言うなら、それはちょっと別だから。

羊と狼《おおかみ》は違うからさ。羊が天国に行けると信じてるんだったら、それは狼になる必要はありません。ただ、狼は、狼として生まれた以上、やっぱり、羊を襲《おそ》わなきゃ生きていけませんからね。

魔界《まかい》から悪魔の世界に堕《お》ちることなかれ

このような見城徹氏の守護霊の発言を霊的視点で見ると、見城氏は魔界《まかい》（裏側と呼ばれる天狗・仙人の世界の中でも魔術や妖術を使う霊人《れいじん》の霊界《れいかい》）出身の仙人であり、その縁《えん》で角川春樹氏（過去世は平将門《たいらのまさかど》）のもとに弟子入りしたと言えるだろう。同氏が、〝そこそこ〟の成功を遂《と》げることができたのは、角川氏と同質の魔界性であろうし、過去世（亀甲占い、八卦《はっけ》占い）で磨《みが》いてきた、仙人力・魔力であると言っていいだろう。

しかし、今、見城氏は、師である角川春樹氏が悲惨《ひさん》な転落劇（麻薬《まやく》使用による収監《しゅうかん》）を演じたのと同じような岐路《きろ》に立たされているように見える。

『地獄の法』のなかで、大川隆法総裁は、角川氏の転落について次のように分《ぶん》析《せき》している。

（角川氏と）会って話していると、クラクラッとする感じがするのです。クラクラッと空間が歪《ゆが》む感じがあるから、「何だろうな」と思っていたのですが、しばらくしたあと、彼が麻薬取締《とりしまり》法違反《いはん》で逮捕《たいほ》されて刑務所《けいむしょ》に入られたということがあったので、「ああ、あの空間が歪むクラクラッとする感じは、麻薬だったのか」と思ったのです。だから、麻薬を飲んでトリップしているわけです。あの世の体験をしたりして、そんなものを創作というか創造のヒントにたぶんしておられたのだと思うのです。

師である角川氏は、麻薬という違法薬物に手を出して、天狗の如《ごと》く高転びしてしまった。この〝違法性を有するもの〟に当たるのが、今回の宏洋氏の本である。

宏洋氏という〝麻薬《まやく》〟に手を出した見城氏

宏洋氏は、当グループの内部事情について詳《くわ》しいふりをして虚偽《きょぎ》による誹謗中傷を長年にわたって続けている。「主なる神に弓を引く」という意味では、堕天《だてん》使《し》的存在であり、聖なる天上界《てんじょうかい》を穢《けが》そうとする者である。神の法に対する〝違法性を有するもの〟であり、その副作用は、この世の麻薬《まやく》の比ではない。見城氏はこの〝麻薬〟に手を出してしまったのだ。

「顰蹙《ひんしゅく》は金を出してでも買え」が見城氏の信条で、数多く買ってきた顰蹙の一つぐらいに思っているのかもしれないが、その代償はあまりに大きなものになるだろう。なぜなら、神仏、特に仏陀、大救世主という数千年に一度しか下生《げしょう》しない聖なるご存在を冒瀆《ぼうとく》することは、後世に計り知れない影響《えいきょう》を与えかねないからだ。

仏教では、仏陀のつくった教団を混乱に陥《おとしい》れること（和合僧破壊《わごうそうはかい》の罪）は五逆の罪の一つとされ、この罪を犯《おか》すと、地獄のいちばん底の「大阿鼻叫喚《だいあびきょうかん》地獄」に堕《お》ちるとされている。また、教団を混乱させる人には、たいていの場合、サタンというような悪魔や魔王が入っており、そうしたものに入られた人の場合には、地獄でもいちばん深い所に行くことになるとされている。

見城氏の「共同不法行為責任」は免《まぬが》れ得ない

今回、見城氏はマスコミ出版人として、宏洋氏の堕地獄的所業を広く世にばら撒《ま》くことに手を貸してしまった。その「共同不法行為責任」は、この世だけでなく、あの世でも免れ得るものではない。

見城氏の守護霊は霊言のなかで「怒られなきゃ駄目なんだよ。『ここまでやるなよ』って言われなきゃ駄目なんだよ。ただ、地獄に行っても知らないけどね。それは、私は責任は取らない」と言っていた。

私たちは、宏洋氏の本の出版に先立って幻冬舎・見城徹社長に、「ここまでやるなよ」と注意喚起した。

にもかかわらず、尊い信仰を傷つけるところまで見城氏はやってしまった。もはや「私は責任は取らない」は通用しない。石は池の底に沈《しず》み、油は池に浮《う》くのであって、「罪が重いために地獄に堕ちていく者、こんな者は救えない」(『地獄の法』より)のだ。

見城氏は「魂」を賭《か》けた「博打《ばくち》」に勝てるのか

見城氏の人生はある意味では「博打」の連続である。七十二歳《さい》になられる今日《こんにち》まで、勝ち負けの世界で、時に負けることもあっても、何とか勝ちのほうが多かったかもしれない。しかし、今回の「博打」だけは、霊的には「負け」が確定している。

「魂」を賭《か》けた「博打」に負けてしまったならば、その「魂」はどこに行ってしまうのだろう。「天網恢恢疎《てんもうかいかいそ》にして漏《も》らさず」。宏洋氏の後ろにうまく隠れたつもりでいても、そうはいかない。

宏洋氏に賭けて勝った人間はいまだかっていないのだ。彼は本物の「疫病神」である。天狗は天から堕ちて地面に叩《たた》きつけられ、その伸び過ぎた鼻をへし折られて初めて反省の端緒《たんしょ》につける、ということを教えでは説かれている。私たちは、宏洋氏を救うという愛の行為のために、彼を批判しているのだ。

見城氏には、あの世を信じるのであるならば、間違った賭けによって晩節を汚《けが》すことなく、宏洋氏と縁を切り、生涯《しょうがい》反省をした上で、明るい世界に還《かえ》っていただきたいと、切に願うばかりである。

見城氏は二〇一九年五月に、ツイッター（現・X《エックス》）で、ある作家の実売部数を晒して大批判を受けて炎上したことを、公式ページで素直《すなお》に謝罪し、当該《とうがい》ツイートを削除《さくじょ》し、ツイッターそのものをやめたことがあるという。今回も間違いを素直に認める勇気を持ち、幻冬舎のロゴマークにあるような、真の勇者になっていただきたい。

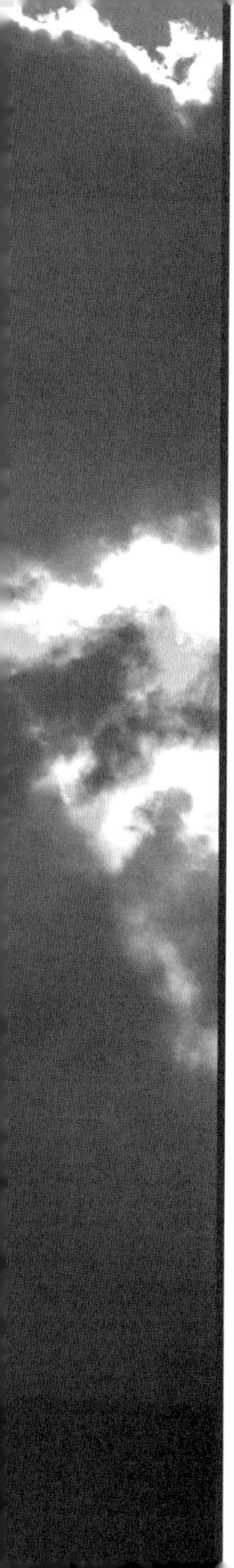

終章

主なる神エル・カンターレである大《おお》川《かわ》隆《りゅう》法《ほう》総裁の真実の姿とは

第一部　教団の草創期から見てきた主なる神のお姿と「宏洋《ひろし》問題」の本質とは

幸福の科学 編集系統括《とうかつ》担当専務理事　斎《さい》藤《とう》哲《てつ》秀《しゅう》

第二部　大川隆法総裁の主なる神エル・カンターレとしての歩み

幸福の科学 第一、第二経典《きょうてん》・書籍《しょせき》編集局

第一部　教団の草創期から見てきた主なる神のお姿と「宏洋《ひろし》問題」の本質とは

幸福の科学　編集系統括《とうかつ》担当専務理事　斎藤哲秀《さいとうてっしゅう》

総合商社で期待された将来像も打ち捨てて「幸福の科学」を創立された大川隆法総裁

本章では、宏洋氏が批判している対象である、大川隆法《おおかわりゅうほう》総裁の真実について述べたいと思います。

私は現在、大川隆法総裁の説かれる教えと出合って三十八年になります。

一九八五年に『日蓮聖人《にちれんしょうにん》の霊言《れいげん》』という書籍《しょせき》が潮文社《ちょうぶんしゃ》から発刊され、その内容の深遠さに驚愕《きょうがく》するとともに、既存《きそん》の枠《わく》にとらわれない本物の宗教観というものを直観しました。不思議なことに、その書のなかでは、日蓮聖人が「万能《ばんのう》の天才レオナルド・ダ・ヴィンチ」の霊言についても紹介《しょうかい》・解説しており、語られる透《とう》徹《てつ》した高邁《こうまい》な思想、その総合的人間学とも言うべき思想は、東西の文明の枠を超《こ》えた普遍《ふへん》性に溢《あふ》れていると強く感じました。当時、人生の真理を求めていた自分にとって、幸福の科学の出現は「衝撃《しょうげき》」の一言《ひとこと》でした。

以来、続々と霊言集が発刊されるなか、一九八六年十月に、大川隆法総裁（当時の呼称《こしょう》は「主宰《しゅさい》」）が「幸福の科学」という団体を創立されました。

大川総裁は、東大法学部を卒業された後、総合商社に勤務されていましたが、若くして抜擢《ばってき》され、アメリカのニューヨーク本社に赴任《ふにん》しつつ、夜間はニューヨーク市立大学大学院で国際金融論《きんゆうろん》を学ばれており、未来を嘱望《しょくぼう》されていた人物であります。しかし、それほど期待された将来像があったにもかかわらず、そのすべてを打ち捨てて、「空手《くうしゅ》にして立つ」「我、一人立つ」の気概《きがい》、独立不羈《ふき》の精神で「幸福の科学」を創立されたのでした。

六畳《じょう》一間の事務所時代から描《えが》かれていた「明快かつ壮大《そうだい》な未来ビジョン」

当時、大川総裁が、人間的能力を遥《はる》かに超えている人物であると感じたのは、前出の著作の内容での感化もありましたが、一九八七年に私が入会をしようと西《にし》荻窪《おぎくぼ》にある事務所に伺《うかが》った時分に体験した、ある一つの出来事も忘れることができません。

最初の事務所は、個人宅の一室を借りた六畳《じょう》一間だけで、窓も小さく、ほとんど倉庫のつくりに近い部屋でした。そこに初めて訪《おとず》れたとき、そのあまりの小ささに驚《おどろ》きましたが、その小さな部屋の入り口付近に一枚の紙が貼《は》ってありました。それは体制図のようなもので、未来ビジョンが描《えが》かれていました。それは、大川隆法総裁ご自身がつくられたものでした。

よく見ると、そこには組織体制として、事務局や活動推進局、出版局や国際局なども載《の》っていましたが、教育分野では幼稚園《ようちえん》、小学校、中学校、高校、大学まであり、付属の病院もありました。また、新聞社やテレビ局や放送局のメディア部門、そして国際系では五大陸の主要都市の支部があり、なかにはエジプト・カイロ支部や、イラン・テヘラン支部なども書かれていました。

まだ、現実には事務所がたった六畳一間であるにもかかわらず、明快かつ壮大《そうだい》な未来ビジョンがありありと具体的に描かれているのを見て、なんと気宇壮大《きうそうだい》なスケールの大きな方なのだろうかと驚きました。まったく何もないところから、全世界を対象として巨大《きょだい》な発展構想を描く、その比類なきビジョンの迫力《はくりょく》と伝わってくる使命感は、率直《そっちょく》に言って人間を超えた能力であると感じました。

草創期に実際に体験した大川隆法総裁の霊的能力
――「他心通《たしんつう》」と「天眼通《てんげんつう》」

さらに、私が草創期に体験したなかで、大川総裁が人間離《ばな》れした存在だと思った点が幾《いく》つかあります。

例えば、一九八七年当時、青年委員に任命され、他の年配の幹部とともに事務所での会議に参加したとき、自《みずか》らの心のなかで意見を持っていましたが、黙《だま》っていました。しかし、その瞬間《しゅんかん》に、「そうそう、その意見いいですね。」と大川隆法総裁が私に対して語りかけるシーンがありました。それをきっかけに発言できたわけですが、あとで私はびっくりしました。なぜなら、まだ〝心で思っただけ〟で、発言していない段階で指摘《してき》されていたと気づいたからです。相手の心のなかを見通す力、これは仏教で言う、六大神通力《じんつうりき》のなかの「他心通《たしんつう》」という霊的能力ですが、すでに組織のスタート時点でこうした能力を発揮されて運営されていました。

また、当時、私は東京藝大《げいだい》の学生でしたが、家のアトリエで制作していた作品について、会議が終わったあと、大川総裁が「あの作品の形はどういう意味なのですか。」と問われて驚いたことがありました。それはまだ誰《だれ》にも見せていない段階の作品でしたので、知りようがないはずの状態なのですが、大川総裁は実によく認識されていました。これは同じく六大神通力の「天眼通《てんげんつう》」と言い、霊的に遠隔透視《えんかくとうし》する力ですが、そうした六大神通力を静かに発揮されていることも、普通ではないと感じました。

書き下ろし原稿《げんこう》も語り下ろし原稿も、加筆修正なく発刊される奇跡《きせき》

その後、一九八八年、幸福の科学で編集の手伝いをすることになりましたが、

その際にも大川隆法総裁の人間を超えた力を垣間見《かいま》ることになりました。なぜなら、毎月の月刊誌に巻頭言《かんとうげん》という短文のメッセージを掲載《けいさい》していましたが、その原稿《げんこう》用紙にピッタリと最後の行（場合によっては最後の一マス）で収まる分量で常に書かれており、一度も加筆修正はないということが目の前で起きていたからです。

さらに当時、本を出すときには、自身で執筆《しっぴつ》をされる場合もありますが、音声を収録したものを活字に起こし、そのまま原稿化する方式も採られていました。その活字を起こすのが私の仕事だったわけですが、大川総裁は最初から「大見出し」、「小見出し」を決めて、その内容を淡々《たんたん》と語っていき、一章分を等間隔の時間で語り下ろし、文字を起こせば、そのままでまったく修正なしで本を仕上げられていました。このスタイルも人間業《わざ》ではありませんでした。それは、映画「アマデウス」でモーツァルトが天から聞こえてくる音楽をサラサラと音符《おんぷ》で書いて譜面《ふめん》を仕上げ、まったく修正なしで完成させていくシーンがありますが、そのように一切《いっさい》、人間心で〝手を加えないで仕上げる〟ということが現実に起きていることを見て、本当に奇跡《きせき》と感じました。

草創期の霊言を聴《き》いて感じた「霊言が真実だ」という実感

また、霊言についても、当時、驚くべきことを体験しました。当時は、霊言を書籍化して公表することをされていましたが、その元は、音声の収録でした。大川総裁が、霊を招いて自身の中に入れて語らせて、それを録音テープに吹《ふ》き込《こ》むのです。

例えば、芸術家の霊では、分野の違《ちが》う霊で、画家や音楽家、小説家、俳人などを同時に収録されたことがありましたが、文字起こしの作業をしていると、一人ひとりの音声はまったく違うものでした。一人ひとりの個性の違いが際立《きわだ》っており、収録中は、その個性が一貫して継続《けいぞく》しているのです。

ベートーベンは非常にゆっくりと暗く重厚《じゅうこう》なトーンで語り、ピカソは逆に、早口で天真爛漫《てんしんらんまん》な明るい声のトーンで時々笑い声も発し、松尾芭蕉《まつおばしょう》の場合はおじいさんのようなしゃがれた感じの声でしみじみと語るというように、個性豊かでバラエティーに富み、その表現には大きな差がありました。また、外国人の霊では、キリスト教のミカエルの霊の場合には、「ワッタクシハ、ミッ、カ、エ、ル、デース。」というように、外国人訛《なま》りのある、一語一語が切れるような独特の甲高《かんだか》い発音の日本語で、強いバイブレーションを伴《ともな》って、その個性のまま語り続けるかたちでした。

ここで大事なことは、当時、その音声は関係者以外には公開せず、文字のみを活字にして出版していたという事実です。例えば、外国人訛りの独特の表現で長い時間語り続けると肉体的には苦痛と思われますが、そうした音声が録音テープ十本程度で、数百分も収録されていたのです。誰にも聴《き》かせないのに、そのようなことをする意味はあるのでしょうか。それは、霊の個性が本物で真実だからです。

宏洋氏は、そうした霊言を「イタコ芸」と呼び、宗教的真実を愚弄《ぐろう》する発言をしておりますが、もし、そのような芸をするなら誰かに見せたり聴かせたりする目的があるはずです。しかし、草創期の霊言はほとんど誰にも公開しておらず、活字のみでの公表なのです。そして、いまだにその霊言の音声は公開していないのです。なぜなら、大川隆法総裁は、そうした〝霊的現象〟のみで人を集めたり、信じさせようとはせず、あくまでも霊言自体が持つ内容の高貴さ、真実性、そうしたものを武器として伝え続けておられたからです。それは、「霊界《れいかい》の存在証明」のためです。

ただし、立宗から二十年も過ぎると、霊言を知らない人が増えてきたということから、二〇一〇年に入ってからは「公開霊言」ということで積極的に公開する運びとなりましたが、こうした経緯《けいい》や背景、草創期に収録された霊言の音声などの存在について、宏洋氏は宗教的体験を通してはいないから平気で「イタコ芸」と呼べるのでしょう。

三十数年間、〝真剣《しんけん》勝負〟で語った言葉そのままを本にされ続けてきた

草創期から数々の体験を通して、大川隆法総裁が人間知を超えた存在であると実感した私は、六畳一間だけの初期の段階からその後、その変化・発展を見続けてきておりますが、先ほど申し上げた書籍の発刊スタイルでも、その後、三十数年変わらず、大川総裁は本を仕上げる際に、お手書きによる執筆はもちろんのこと、一度だけで語り下ろしするスタイルを継続されています。文末の整《ととの》えなどは多少あるものの、基本的に修正は一切ありません。しかも、その音声の内容は、第三者が客観的に確認できるものです。現在まで三千百五十冊の書籍を出されて

いますが、常に〝真剣勝負《しんけんしょうぶ》〟で、語った言葉に責任を持たれ、そのまま本にするという精神を貫《つらぬ》かれています。

そのスピードは、人間知を遥かに超えており、多いときには一カ月で三十八冊を出版されたこともありました（二〇一四年）。これは、年間百六十数冊を刊行した年ですが、平均すると「二日〜三日に一冊の発刊」という驚異的スピードです。しかも、これは新規での語り下ろしで、一冊一冊まったく違う内容なのです。

これは、人間では到底《とうてい》できない知的生産スピードであり、「神」としての力がなければできない証明とも言えます。

大川隆法総裁の心にあるのは「人々の幸福」という救世主としての圧倒的《あっとう》な人類への愛

こうした発信ができる根本《こんぽん》の理由は、大川隆法総裁の根本にある思いが、「愛」

そのものだからでしょう。

大川総裁は、どのようなときにでも、自分を厳しく律し、自らを鍛《きた》え抜いておられますが、それは、救世主としての圧倒《あっとう》的な人類への愛ゆえです。今まで、数多くの行動の歴史のなかで一貫《いっかん》している思い、大川総裁の心にあるものは、「人々の幸福」の一点にあります。常に、「人々の幸福を願う」、「世のため人のために尽《つ》くす」、「この地球に絶対の平和を樹立《じゅりつ》する」、そうした強い思いが、大川総裁の願いであり、「教え」を通して人々の心を幸福に導く存在としての使命感そのものであるのです。それは、また救世の情熱そのものと言えましょう。

「魂《たましい》の救済」と「新しい文明の創造」のために知的鍛錬《たんれん》を課される大川隆法総裁

そして知においては「知的巨人」の存在です。常に勉強を怠《おこた》らず、毎日海外の新聞六紙と国内新聞六紙を読まれ、一年間にあらゆる分野の本を数千冊読まれ、映画などの映像作品も数百本から多いときは千本観られ、前述のように「教え」を多数説かれ、発信し続けています。説法《せっぽう》は三千五百回を超え、公開霊言は千三百回以上、「霊言」は六百冊以上を発刊、著作は合計三千百五十冊を著《あら》わされています。一人でこれだけの冊数を出版している人は、歴史上、全世界でただ一人です。

すべては、「あらゆるテーマに対し、対機説法《たいきせっぽう》によって人々の魂《たましい》を救済したいという思い」と、「唯物論《ゆいぶつろん》や無神論のような物質的な価値観ではなく、神仏を信じ、霊的価値観に基《もと》づく新しい文明を創造したいという願い」を持って、知的鍛《たん》錬《れん》をご自身に課しておられるのです。この「真実を明らかにする智慧《ちえ》の力」は、人々の苦しみを解放する大きな救済力でもあります。

三十数年間、そのお姿を拝見していますが、そのご精進《しょうじん》の姿勢は揺《ゆ》るぎないもので、読書では常に赤いダーマトグラフで線を引いて読まれ、多いときには同じ書を二十回も読み込まれたりされます。どのような環境《かんきょう》でも常に認識力を上げていき、人々を幸福にせんとする姿は、まさに地上に現出した「神」そのものであると思います。

若き日より反省などを通して心を浄化《じょうか》し、高級霊界と同通された大川隆法総裁

さらに、「反省」の視点です。大川総裁は、若き日より知的鍛錬を進めると同時に、反省や観想などを通して、自らの心を浄化《じょうか》され、高級霊界と同通されました。一九八一年三月二十三日に大悟《たいご》され、人類救済の大いなる使命を持たれる「エル・カンターレ」であることを自覚されました。「エル・カンターレ」は「うるわしき光の国・地球」という意味であり、「主エル・カンターレ」とは、神々

の主《しゅ》である「至高神《しこうしん》」として、あらゆる宗教を統合させる根本的な教え（法）を説く使命を持たれた御存在《ごそんざい》です。そして、大いなる悟りに伴う霊的能力は釈尊《しゃくそん》をも超えて、悟りも人類史上最高レベルであると自覚されました。

なぜ、こうした偉大《いだい》なる悟りが可能かと言えば、大川隆法総裁の御存在の本質が、永遠の仏陀《ぶっだ》であられるからです。そして、地上にて心を磨《みが》かれ、無限の精進を重ねられたからに他なりません。

経典《きょうてん》『永遠の仏陀』には「永遠の仏陀とは、すなわち、これ、永遠の法そのものである。永遠の法とは、すなわち、これ、宇宙の根本たる仏の心。それを、則《のり》として、教えとして、体現しているものである。」と説かれておりますが、まさに東洋的な表現で言えば、その本質は「根本仏」の存在であり、教えによって大宇宙を統《す》べられている存在、大宇宙の真理である「法身《ほっしん》」そのものであるのです。

主エル・カンターレの威神力《いじんりき》としては、「三明《さんみょう》」という霊的な智慧で、過去、現在、未来を見通す智慧を持たれている他、時空間を超えるなどのさまざまな神秘の力がありますが、いずれも高度な知性・合理性と霊的能力が融合されております。

特に私自身が驚いたのは、その「リーディング能力」で、例えば二〇一三年三月に行われた「ダークサイド・ムーンの遠隔透視」では月の裏側を探《さぐ》るために六大神通力の「神足《じんそく》」と「天眼」の二つの霊能力を掛《か》け合わせて試み、宇宙人秘密基地を発見したという事例があります。

収録の際に質問者の一人として間近で拝見しましたが、目を瞑《つむ》られ、手を交差して組まれたり、額《ひたい》の前で両手の指先を合わせて三角形をつくり、三十七万キロメートル以上離れた月まで静かに思いを発しておられた約三十秒間の神秘の時間、それはまさに人間を超えた神そのもののお姿でした。霊的なエネルギーが体中から溢《あふ》れ出している感じを受けて、胸が熱くなりました。

ご自身でも、リーディングの後、書籍化された際にはその「あとがき」で、「私自身、自分にどこまで隠《かく》された能力があるのかはよく判《わか》らない。しかし、『宇宙の法』の次元に踏《ふ》み込んだ時、自分がある種の人間を超えた神霊《しんれい》として、久遠《くおん》の昔から存在していて、今、仮に地上に下生《げしょう》しているのが実感として感じられる。」と述べられています。

「ユートピア世界の創造」から「宇宙の法」まで広がる発展の教え

それから、「発展」の視点です。大川隆法総裁は、現代社会のさまざまな困難や問題を解決し、ユートピア世界を創造する使命を持たれています。幸福が広がっていく世界を創るためです。

そして、自分も他人も幸福になる世界、自も他も害さない道、「中道《ちゅうどう》からの発展」という道を示されつつ、現代社会での経済繁栄《はんえい》や政治的指針なども導いておられます。そうした精神のもと、新時代の創造、未来社会の創造を説き続けておられます。

また、発展のスケールの大きさは地球規模であり、一九九四年の東京ドームの講演では、「世界には平和が必要です。二十世紀は『唯物論と無神論が蔓延《まんえん》した世紀』であり、同時にまた『戦争の世紀』でもありました。しかし、二十一世紀は、その未来を拓《ひら》くのは、私が説くこの仏法真理《ぶっぽうしんり》です。この仏法真理が全世界に広がったとき、人々の心は一つとなり、真に『愛』と『美』と『調和』に満たされた地球国家が出来上がることでしょう。地球を一つに――。唯一の仏法真理の下《もと》に、地球を一つに――。」と述べられています。

そして今、主エル・カンターレを信じる人は、民族や言語の違いを超えて世界百六十九カ国に広がり、世界各地で戦乱や混乱のなかにいる人々が大川隆法総裁の教えに希望を見いだし、心から受け入れ、信じた人のなかに奇跡現象を体験する方が続出しております。

さらには、この発展のレベルは、地球規模をも超えていく影響力《えいきょうりょく》を出しつつあります。なぜなら、「宇宙の法」として、地球のマスターを超え、宇宙レベルでその教えが広がろうとしているからです。その無限の発展の姿は、神そのものの姿とも言えましょう。

以上、幸福の科学の基本教義である「四正道《よんしょうどう》」の視点から大川隆法総裁の偉大さ、神の存在としてのお姿を申し上げました。

大川隆法総裁は地球の至高神エル・カンターレであり、造物主の御存在《ごそんざい》

ただ、何より大事なことは、大川隆法総裁が、主エル・カンターレであるということであると同時に、その御存在《ごそんざい》の本質は、「造物主」であるということです。

現代という時代は根本仏、造物主である御存在が、地上に降臨《こうりん》されている奇跡の

時代なのです。人類に大いなる可能性、希望へと導く教えが、今の時代に説かれています。

そして、この根本にあるのは、造物主としての人類への「愛の思い」です。主エル・カンターレとは、地球の至高神であると共に、すべてを創られた造物主の意識なのです。その造物主の愛の思いによって、万象万物《ばんしょうばんぶつ》は生かされています。この根源の思いを発しておられるのが、現代に地上に下りられた、主なる神、大川隆法総裁なのです。

主なる神を信じることが、すべてのすべてです。

大川隆法総裁こそ、造物主の御存在であり、地球のメシアとして生まれた「人類の最後の希望」の存在なのです。地球の最終危機と戦おうとしている存在、大救世主であります。神仏から見た「地球的正義」を実現していく御存在です。

こうした尊い御存在を誹謗中傷《ひぼうちゅうしょう》している宏洋氏とそれを担《かつ》いでいる幻冬舎《げんとうしゃ》は、

霊的な視点では無明《むみょう》・無知と言えましょう。

「神になりたかった」のは宏洋氏自身の隠《かく》れた願望

さて、宏洋氏の今回の書籍タイトルには「神になりたかった男」とあり、要は大川隆法総裁のことをそうだと主張したいのでしょうが、実際のところ、「神になりたかった」のは宏洋氏のほうではないでしょうか。

宏洋氏の今回の書籍の帯コピーには、「次代総裁として育った長男」と謳《うた》っておりますが、本書の第1章で「正式に当教団の後継者《こうけいしゃ》であったことは一度もありません」と述べているとおり、これは事実と反しています。

自らが「幸福の科学との訣別《けつべつ》」と主張しているにもかかわらず、あえてその立ち位置を主張するというのは、その立場に固執する心があるからだと推察されます。また、実際にはそうなれなかったというところに、〝長男であっても後継者として公式に認定されない悔《くや》しさ〟があることも読み取れます。

宏洋氏が後継者に認定されないのは、今まで見てきたように、彼の人物像や能力の問題にあります。しかし、そうしたことが分からずに、立場に執着《しゅうちゃく》する心があるなら、「貪欲《とんよく》」や「嫉妬心」、「支配欲」などの煩悩《ぼんのう》があると言わざるをえません。

その意味で、宏洋氏がなりたい〝神〟とは、人々にかしずかれ、崇拝《すうはい》され、貢《みつ》がれたり担《かつ》がれたりして、自分だけがほしいままに権力をふるう「傲慢《ごうまん》の神《かみ》」とでもいうべき存在ではないでしょうか。それは、大川隆法総裁がすべての人々を愛する御存在であるのとはまったく対極的な「奪《うば》う愛」の権化《ごんげ》です。

そうした〝神〟になりたいという思いが、宏洋氏の心のなかで深層海流のごとく底流でうごめく願望としてあるのでしょう。

本書の1章から4章を通読すれば、その根本には、いずれもそうした宏洋氏の誤った思いが貫いていることが浮《う》かび上がってくることでしょう。

次に、使命を果たされている大川隆法総裁の「愛の神の顕現《けんげん》としてのお姿」を具体的にご紹介しつつ、概観していきたいと思います。

第二部　大川隆法《おおかわりゅうほう》総裁の主なる神エル・カンターレとしての歩み

幸福の科学 第一、第二経典《きょうてん》・書籍《しょせき》編集局

①　超絶《ちょうぜつ》した「努力の人」である大川隆法総裁

幼少期から一貫《いっかん》して続く「自助努力の姿勢」

大川隆法総裁は、一九五六年七月七日、徳島県の川島町《かわしまちょう》に生まれられました。

小学二、三年のころ、担任の教師から「二十歳《さい》の大人と同じ知能（ＩＱ二百）」と言われるほどの天賦《てんぷ》の才に恵《めぐ》まれながら、自《みずか》らの平凡《へいぼん》性を自覚した大川総裁は努力に努力を重ねられました。小学四年生になると毎日自宅から離《はな》れた「離れの家」に通い、夜の十二時ごろまで勉学や考え事をするようになりました。

中学校は、地元の川島中学校を受験し、平均点百点というトップで合格します。中学時代、全国的なテストで何度も一位を獲得《かくとく》し、「開校以来の秀才《しゅうさい》」「地域で五十年に一人の秀才」と周囲を驚《おどろ》かせました。

また、大川総裁は生徒会長や軟式《なんしき》テニス部のキャプテン、校内新聞の編集発行責任者なども務め、教師からは「あなたの言うことはみんなよく聞く。鶴《つる》の一声《ひとこえ》ですぐ決まり、みんなが黙《だま》ってついてくる」と評されています（『太陽の法』より）。単なる秀才ではなく、宗教家的魅力《みりょく》とも言うべき懐《ふところ》の広さ、高潔な人格を持ち、周囲から絶大な信頼《しんらい》を得ていたことが窺《うかが》えます。なお、中学時代から詩篇《しへん》も執筆《しっぴつ》されており、それらは現在、会内経典『詩集　青春の卵』等として発刊されています。

中学卒業後は、徳島県下随一《ずいいち》の進学校、徳島県立城南《じょうなん》高校に進学し、市外の生徒としてはトップの成績で城南高校に合格されています。そして、松柏賞《しょうはくしょう》という優等賞を受賞して卒業されています。松柏賞は、「高校三年間の九学期において、『五段階評価の通信簿《つうしんぼ》で平均四・五以上』という基準を一度も外さず、九回連続して平均四・五以上を取った」「実力テストで、三年間ずっと上位にいた」という二つの条件を満たした者に贈《おく》られる賞です。

大川総裁は一九七六年、東京大学法学部に進学し、夜を日に継《つ》いで勉学に打ち込《こ》まれました。法学や政治学のみならず、社会学、歴史学、哲学《てつがく》、社会思想史、経済学、経営学、自然科学、国際関係論、さらに洋書の原書購読《こうどく》にまで及《およ》びました。学問の本質は真理の探究です。大川総裁はさまざまな学問領域を納得《なっとく》いくまで学び、「真理とは何か」を徹底的《てってい》に探究されたのです。そこには「真理を人々に伝えたい」という人類への愛がありました。

東京大学の卒業を控《ひか》え、内省的感覚が強くなった大川総裁はそれまでの人生について反省を重ねるようになりました。そして一九八一年三月、「イイシラセ」と告げる自動書記が始まり、天上界《てんじょうかい》との霊的《れいてき》交流が始まりました。同年六月にはイエス・キリストが降臨《こうりん》し、七月には大川総裁の魂《たましい》の分身である釈尊《しゃくそん》が現れ、大川総裁が「エル・カンターレ」という霊存在であり、その使命は仏法《ぶっぽう》の流布《るふ》による一切《いっさい》の衆生《しゅじょう》の救済にあることを告げたのです。

その後、大手総合商社に入った大川総裁はさらに精進《しょうじん》を続けられます。ニューヨーク本社を含《ふく》めた六年間、将来を嘱望《しょくぼう》されたエリートとして会社に利益をもたらす一方、組織運営の仕方などを学び、また通勤時間や帰宅後に宗教書や精神世界の本を読み、宗教家として立つための準備を進められたのです。特に、大川総裁の思想の核として重要な「愛の発展段階説」は、この生き馬の目を抜くような商社勤務の日々のなかで三年近く考えを練り込まれ、結実されました。そして一九八五年より『日蓮聖人《にちれんしょうにん》の霊言』等の霊言集を刊行されています。

商社の激務をこなしながら、常に天上界と同通する心の状態を保ち、自宅に帰ってからは読書もこなす。そこには尋常《じんじょう》ではない努力があったと言えるのではないでしょうか。こうした雌伏《しふく》の時期を経《へ》て、一九八六年、大川総裁は退社・独立して「幸福の科学」を立宗《りっしゅう》されたのです。

「読書」と「語学」における人並外れた精進《しょうじん》

大川総裁の人生は「努力」で貫《つらぬ》かれていることを述べてきましたが、ここではさらに「読書」と「語学」という角度から述べたいと思います。

大川総裁はその読書量が膨大《ぼうだい》ですが、その始まりは小学校まで遡《さかのぼ》ります。小学四年から六年までで、何千冊かあった小学校の図書館の蔵書をほぼ全冊読まれています。

大学時代は前述したとおり、あらゆる分野の本を読まれ、蔵書は二、三千冊でした。社会人になってからは早朝から通勤時間を利用して、また夜遅《おそ》く自宅に帰られてから本を読まれていたといいます。

幸福の科学立宗後も当然ながら読書を継続されており、『経営とは、実に厳しいもの。』では「二〇一六年現在は、学問的な本を年間二千五百冊から三千冊ぐらい読んでいる」と述べられています。

大川総裁はこうして今では個人で二十万冊の蔵書を有しているほどの読書家です。書庫は「第三書庫」まであり、東京都の区立図書館を凌駕《りょうが》するほどです。

なお、大川総裁は、本を読む速度も尋常ではなく、一時間で四千ページぐらい本を読まれるといいます。

また、大川総裁は「語学」にも大変な努力をされています。学生時代、英語は得意科目の一つであり、大学三年時には、教授よりも何倍も速い速度で原書が読めるほどでした。商社時代には、ニューヨーク本社で英語を使いながら国際金融《きんゆう》の仕事に従事するとともに、ニューヨーク市立大学の面接試験を「パーフェクト・イングリッシュ」という評価でパスし、アメリカ人と同一条件で国際金融のゼミに参加されています。英検一級より遥《はる》かに難しいといわれる国連英検「特A級」にも合格されています。

大川総裁は、海外で現地の人を対象とした英語講演も行《おこな》っていますが、その背景には類《たぐい》まれなる「英語力」があるのです。日本人のうち、原稿《げんこう》も見ずに自分の考えを英語でもって語り、現地の人々を感動させられる人がいったい何人いるでしょうか。

また、大川総裁は多忙《たぼう》な聖務をされながらも、隙間《すきま》時間を使い信者が学習するための英語テキストも作成され、百三十巻以上の「黒帯英語シリーズ」が発刊されています。

さらには、大川総裁は英語以外の語学も勉強されています。これまでに学んだことのある外国語は、ドイツ語、フランス語、中国語、韓国語《かんこく》、イタリア語、スペイン語、ポルトガル語（ブラジル語）、ヒンディ語、マラティ語、シンハラ語、タミル語、上海語《シャンハイ》、台湾語《たいわん》、タイ語、マガダ語、サンスクリット語、アラビア語、ロシア語、ペルシャ語など、二十カ国語前後あるといいます。これもすべて、「世界の人々に仏法真理《ぶっぽうしんり》を伝えたい」という救世の情熱の表れであるのです。

一日二十四時間、年三百六十五日、精進《しょうじん》をされている大川隆法総裁

最後に、聖務について触《ふ》れると、大川総裁は、三百六十五日、二十四時間体制で仕事をされています。それは、救世主として全人類への責任を負っているためです。

天上界から啓示《けいじ》が降りるのは二十四時間問わずの状態であるのはもちろんのことですが、普通の人にとって仕事の時間ではない時間帯には周りが静まるので、夜や明け方となることもあります。そのため、そうした時間帯にも霊言等を収録されることがあります。つまり、一般にはプライベートタイムと思われるところのほうで、実は宗教家として「聖務」をされているのです。

このように、大川総裁は幸福の科学を立宗されてからずっと、一日二十四時間、年三百六十五日、精進《しょうじん》を積み重ねてこられたのです。

② 大川隆法総裁の説かれる法の高さ、広さ、深さ

大川隆法総裁の説法《せっぽう》は神の御業《みわざ》を目撃《もくげき》する奇跡《きせき》の瞬間《しゅんかん》

大川隆法総裁は、一九八六年、三十歳《さい》で総合商社を退社・独立後、幸福の科学を立宗《りっしゅう》し、初の説法《せっぽう》（初転法輪《しょてんぽうりん》）をして以来、わずか五年後の九一年には、東京ドームで五万人規模の大講演会を行いました。その教えを求める人は日本を超《こ》え、

講演会の本会場から衛星中継《ちゅうけい》で全国・全世界の会場を結ぶまでになりました。一人の説法をこれだけの規模で世界中の信者が拝聴《はいちょう》するというのは他に例を見ないでしょう。

しかも、大川総裁は、説法時、事前に原稿《げんこう》等の内容を準備したことは一度もなく、長年の知的鍛錬《たんれん》と、高級霊界《れいかい》からの霊的支援《しえん》により、何も見ずに滔々《とうとう》と一時間、二時間の説法をされています。聴衆は、まさに神の世界から無尽蔵《むじんぞう》の叡智《えいち》が下ろされる奇跡《きせき》の瞬間《しゅんかん》を目撃《もくげき》しているのです。

人智《じんち》を超《こ》えた速度で下ろされる膨大《ぼうだい》な説法《せっぽう》

しかも、驚《おどろ》くのは、人智《じんち》を超《こ》えた説法《せっぽう》の頻度《ひんど》です。この三十数年で説かれた説法の数は三千五百回を超え、最も多かった年には年間で二百二十九回、多い月では三十二回もの説法を行《おこな》っているのです。英語での説法も累計《るいけい》百五十回を超えています。

しかも、その語り下ろされた説法は、宗教、政治、経済、文化、芸能、教育など、毎回異なる新たな教えであり、ほぼそのままのかたちで書籍《しょせき》化することができるため、高度な内容でありながら、常識ではありえない速度で書籍が発刊されています。

二〇一〇年には年間五十二冊の書籍を発刊し、「一年間で最も数多く書籍を出版した著者」としてギネス認定を受けています。さらに二〇一三年には百六冊、二〇一四年には百六十一冊と、自《みずか》らその記録を塗《ぬ》り替《か》え、一カ月では最高三十八冊の書籍を発刊しているのです。著作は累計三千百五十書を突破《とっぱ》しています。

その教えは、個人の心の探究から、組織の経営、国家運営、国際問題の解決に至るまで説法のテーマは幅広《はばひろ》く、最新の時事問題、現在進行形の社会問題等に対しても、分かりやすい言葉で答えています。

また、著書には、神の美の世界を垣間《かいま》見るような文芸作品、人の心を豊かにする小説や詩歌なども数多くあり、わずか二週間余りで小説を一作書き下ろされることもあります。

人類最高度の神通力《じんつうりき》を駆使《くし》した霊言《れいげん》・リーディング

さらに、人類最高度の霊的能力を備えた宗教家として、霊界や天国・地獄《じごく》、神々から地獄霊までの数多くの霊の存在を証明し、この世で生きる人のあらゆる問題を解決するために数多くの霊言集《れいげんしゅう》を発刊しています。

「霊言」とは、霊を招き、その思いや言葉を語り下ろす神秘現象のことです。

大川総裁は、あらゆる時代、地域、霊格《れいかく》の霊人《れいじん》を瞬時に招霊《しょうれい》することができるだけでなく、地上に生きる人間の守護霊《しゅごれい》から本人の隠《かく》された本音を語る守護霊霊言や、地上の人間の想念《そうねん》と守護霊が合体した生霊《いきりょう》の霊言も行うことができます。

また、六大神通力《じんつうりき》を駆使《くし》して行われる「リーディング」（霊査《れいさ》）を通して、真実の世界観、宇宙観を説き明かしているのです。

霊言・リーディングの収録は、累計千三百回以上、公開霊言シリーズは六百書を超え、霊的世界の実証のための材料を一つ一つ積み上げています。

③ 人種や民族、宗教、国の違《ちが》いを超《こ》え、すべての人々を救う

大川隆法総裁が説く教えは、日本を超《こ》えて全世界に広がっています。著作は四十一言語に翻訳《ほんやく》され、大川総裁の著作の読者は数億人を超え、信者は世界百六十九カ国以上に広がっています。

大川総裁の活動は海外でも早くから評価されています。立宗《りっしゅう》わずか五年後の一九九一年の段階で、世界的経済紙「フィナンシャル・タイムズ」（一九九一年十

二月七日付）が幸福の科学の特集を組み、「日本の国が新しい神に跪《ひざまず》きつつある」と題して大川総裁単独インタビュー記事を掲載《けいさい》しています（『フランクリー・スピーキング』参照）。

また、大川総裁は、南北のアメリカ、ユーラシア、アフリカ、オーストラリアという、世界の五大陸で海外巡錫《じゅんしゃく》をされ、その先々で現地の人々から熱狂《ねっきょう》的に迎《むか》えられています。

例えば、釈尊大悟《しゃくそんたいご》の地インド・ブッダガヤの講演では、同地での過去最大の動員であるダライ・ラマの約二万五千人を遥《はる》かに超える四万人以上の聴衆《ちょうしゅう》が集まりました。マハーボーディ寺院の管長をはじめ僧侶《そうりょ》も参加し、講演後、再誕の仏陀《ぶっだ》である大川総裁に帰依《きえ》を誓《ちか》う僧侶も数多くいました。またスリランカの講演では約一万人がその場で入会しています。二〇一一年に行われた「インド・ネパール巡錫」では、四回の説法をきっかけに数十万人が信者になっているのです。

ブラジルでは、一般《いっぱん》参加者の八割がその場で入会していますし、フィリピンでは一般参加者の九割を超える二千百人以上が入会しています。

さらにイスラム教国であるマレーシアの講演でも、一般参加者の半数が入会しています。

このように、大川総裁は自《みずか》ら先頭に立って海外伝道も精力的にされてきました。

④ 人々の心を潤《うるお》し、真実の世界観を伝える映画・楽曲を数多く製作

心が洗われ病気が治る奇跡《きせき》が起きている映画

また、大川隆法総裁は、映画や楽曲も製作しています。

まず、「映画」について述べると、大川総裁の製作総指揮・原作・企画《きかく》による

劇場用映画は、二〇二三年九月二十九日に公開された映画「二十歳《はたち》に還《かえ》りたい。」など、二十七作品に上ります。

どの映画も、製作する上では、映画を観《み》た人の悩《なや》みが解けるような「浄化《じょうか》の効果」が込《こ》められており、映画を観て心が洗われることで病気が治るという奇跡《きせき》も国内海外を問わず起きています。

人々の心を照らしている楽曲群

また、大川総裁は、心の教えを含《ふく》んだ数々の楽曲を「原曲」というかたちで地上に降ろされています。歌詞は、人々を幸福に導く普遍《ふへん》的な「法」でもあり、芸術的・感性的な面からも人々の心を照らしているのです。

原曲の数は四百五十曲を超《こ》え、ジャンルは映画のために作詞・作曲されたもののほか、若き日に綴《つづ》った詩篇《しへん》をもとにした詩集シリーズや、幼児教育向けにつくられたシリーズなど、多岐《たき》にわたります。

大川総裁は、作詞は一度ですべてを書き下ろされ、曲も一度ですべてを歌い下ろしてつくられます。作詞と作曲を同時に行うこともあります。しかも、基本的に書き直しも歌い直しもありません。それは、英語の歌詞の楽曲をつくるときも同様です。また、日本語の歌詞の楽曲に対して英語バージョンをつくるときには、日本語の歌詞を見ながらそのまま英語で歌うという、普通では考えられない方法をとられることもあります。こうしたことができるのは、大川総裁が、天上界のインスピレーションを受けながら、楽曲を降ろされているからにほかならないのです。

⑤　大川隆法総裁による幸福の科学グループの事業展開

万の単位のアイデアを出して会を発展させてきた

大川隆法総裁は、一九八七年五月に開催《かいさい》された講演会「愛の原理」において、幸福の科学の三十年間の未来ビジョンとして、「宗教改革」「政治改革」「教育改革」「芸術の改革」などの諸改革、そして「海外展開」を予言し、そのとおりに具体化されています。

『日本の繁栄《はんえい》は、絶対に揺《ゆ》るがない』に、「幸福の科学において、私が、この二十数年の間に出したアイデアは、数千ではきかず、万の単位になります。その万の単位に上るアイデアの蓄積《ちくせき》によって、現在まで発展してきているのです。これから先も、そうなるはずです」とあるように、数限りないアイデアを出すことによって、幸福の科学を大きなビジョンに沿って発展させてきたのです。

事務所一つからスタートし、全世界に「光の灯台づくり」を推《お》し進める

立宗《りっしゅう》から十年後の一九九六年に、大川総裁は、幸福の科学初の大型精舎《しょうじゃ》である総本山《そうほんざん》・正心館《しょうしんかん》（栃木《とちぎ》県宇都宮《うつのみや》市）を建立《こんりゅう》し、以降、全国に大型精舎を続々と建立させていきました。さらに二〇〇二年四月からは、全国各地に支部精舎の建立も本格化させています。

この動きは海外にも広がり、全世界に光のネットワークが形成されつつあります。現在、日本全国・全世界に精舎・支部精舎等を七百カ所以上、布教所《ふきょうじょ》を約一万カ所展開しています。

各分野での人類幸福化運動の展開

(1)幸福を実現する政治理念と活動を展開する

また、大川総裁は、日本と世界に「自由・民主・信仰《しんこう》の世界」を打ち立てて人類幸福化を実現するため、二〇〇九年五月、幸福実現党を立党しました。立党時の法話《ほうわ》「幸福実現党宣言」で、唯物論《ゆいぶつろん》によって世界を不幸にしたマルクスの「共産党宣言」を葬《ほうむ》り去ることを力強く告げられました。

(2)徳育と知育を両立させる教育革命へ

さらに大川総裁は、国家百年の計となる理想の教育を実現すべく、豊かな心を育む信仰を軸《じく》とした「幸福の科学学園中学校・高等学校」の創立を構想され、それに基《もと》づいて二〇一〇年に那須《なす》本校、三年後には関西校が開校しました。両校共に、学業や部活動で数多くの実績をあげ続けています。

二〇一五年には、新文明の発信基地として、高等宗教研究機関ハッピー・サイエンス・ユニバーシティ（HSU）が開学しています。HSUは、「人間の幸福を実現する仏法真理《ぶっぽうしんり》」のもとに、新しい学問を創造することを目指しており、創造性・実用性に優《すぐ》れた教育を行《おこな》っています。

⑥ 主なる神への信仰《しんこう》によって、常識を超《こ》えた数多くの奇跡《きせき》が起きている

本章を閉《と》じるにあたり、幸福の科学では、主エル・カンターレへの信仰《しんこう》によって、数多くの奇跡《きせき》が起きていることに触《ふ》れたいと思います。

実は大川隆法総裁自身も「奇跡の新復活」を遂《と》げています。二〇〇四年五月十四日、大川総裁に激しい心臓発作が起こり、翌日に病院へ行ったところ、そのま

ま入院ということになりました。検査の結果、なんと医師から、「心臓が止まっているので、あなたは死んでいる」と告げられたのです。

しかし、医学的に「死の判定」がなされても、大川総裁にははっきりとした意識があり、病室で聖務も続けられました。そして約二週間後には回復し、無事に退院されています。現代医学の常識を超《こ》えた「新復活」を遂げられたのです。このあたりの詳《くわ》しい経緯《けいい》については『新復活』に書かれています。

その後、信者にも「末期の乳ガンが消えた」「アトピー性皮膚炎《ひふえん》が治った」などの病気が治る奇跡が数多く起き始めます。

さらに世界中でも、さまざまな奇跡が起きています。そのなかの一つは、アフリカの少女に起きた「心肺停止状態から蘇生《そせい》する」という奇跡でしょう。

二〇一二年、ウガンダの東部に位置するペリペリ村の一歳《さい》の幼女ロビナさんが高熱で心肺停止状態になってしまいます。しかし、信者である父親のエロサニアさんが、幸福の科学の根本経典《こんぽんきょうてん》『仏説《ぶっせつ》・正心法語《しょうしんほうご》』（英語版）を読みながら祈《いの》り続けると四十五分後、ロビナさんは村民の見守るなかで蘇生したのです。今、その村では千人以上の村民がエル・カンターレ信仰に帰依《きえ》しているといいます。

こうした事実もまた大川総裁がイエス・キリストを超えた大救世主、主エル・カンターレであり、その根本の意識は「造物主」の御存在でもあられることを何より物語っていると言えるでしょう。

最後に、大川隆法総裁の言葉として、次のメッセージをお伝えします。

世界はいま、浄化《じょうか》されつつあります。
人類は、エル・カンターレを信ずることによって、
最終にして、最高、最大の救いを得られるのです。
「我を信じ、集《つど》い来よ」——全世界の人々に、

このメッセージを伝えてください。
私は、あなたがたの永遠の師なのです。

（『太陽の法』より）

全世界のみなさんに伝えたい。
私は、あなたがたすべてを、愛しています。

（『青銅の法』より）

『主なる神に弓を引いた男たち』関連書籍

『太陽の法』（大川隆法 著　幸福の科学出版刊）
『黄金の法』（同右）
『永遠の法』（同右）
『地獄の法』（同右）
『幸福の法』（同右）
『青銅の法』（同右）
『永遠の仏陀』（同右）
『夢は叶う』（同右）
『世界に羽ばたく大鷲を目指して』（同右）
『青春マネジメント』（同右）

『知的青春のすすめ』（同右）
『凡事徹底と独身生活・結婚生活』（同右）
『宗教学から観た「幸福の科学」学・入門』（同右）
『宗教選択の時代』（同右）
『アイム・ハッピー』（同右）
『幸福の科学の十大原理（上巻）』（同右）
『幸福の科学の十大原理（下巻）』（同右）
『政治哲学の原点』（同右）
『老いて朽ちず』（同右）
『経営戦略の転換点』（同右）
『嘘をつくなかれ。』（同右）
『幸福へのヒント』（同右）

『財務的思考とは何か』（同右）
『経営とは、実に厳しいもの。』（同右）
『フランクリー・スピーキング』（同右）
『悟りの発見』（同右）
『大川総裁の読書力』（同右）
『人間学の根本問題』（同右）
『幸福の科学とは何か』（同右）
『日本の繁栄は、絶対に揺るがない』（同右）
『新復活』（同右）
『小説　竹の子の時代』（同右）
『小説　若竹の時代』（同右）
『小説　永遠の京都』（同右）

『小説　内面への道』（同右）
『小説　遥かなる異邦人』（同右）
『小説　とっちめてやらなくちゃ』（同右）
『青春詩集 愛のあとさき』（同右）
『妖怪にならないための言葉』（同右）
『実戦・悪魔の論理との戦い方』（同右）
『幻冬舎社長　見城徹　天才の嗅覚』（同右）
『ダークサイド・ムーンの遠隔透視』（同右）
『直撃インタビュー 大川隆法総裁、宏洋問題に答える』
（幸福の科学総合本部 編　幸福の科学出版刊）
『宏洋問題「転落」の真相』（同右）
『信仰者の責任について』（同右）

『宏洋問題の深層』（同右）
『宏洋問題「甘え」と「捏造」』（同右）

※左記は書店では取り扱っておりません。最寄りの精舎・支部・拠点までお問い合わせください。
『若き日のエル・カンターレ』（大川隆法 著　宗教法人幸福の科学刊）
『選ばれし人となるためには』（同右）
「原説・『愛の発展段階説』講義」（同右）
『宗教としての包容力』（同右）
『詩集 青春の卵』（同右）
『言葉・愛・呪い』（大川隆法・大川紫央 共著　宗教法人幸福の科学刊）
『「小説　若竹の時代」余話』（大川隆法・大川直樹 共著　宗教法人幸福の科学刊）
『「小説　内面への道」余話』（同右）

主《しゅ》なる神《かみ》に弓《ゆみ》を引《ひ》いた男《おとこ》たち
―― 裁判10連敗の宏洋と幻冬舎社長・見城徹の実像 ――

2023年10月6日　初版第1刷

編　者　　幸福の科学総合本部

発行所　　幸福の科学出版株式会社
〒107-0052 東京都港区赤坂2丁目10番8号
TEL(03)5573-7700
https://www.irhpress.co.jp/

印刷・製本　株式会社 研文社

ISBN978-4-8233-0419-4 C0014
カバー，大扉，p.29, p.97, p.117, p.209 getgg / Shutterstock.com
p.239 Michalakis Ppalis / Shutterstock.com
装丁・イラスト・写真（上記・パブリックドメインを除く）© 幸福の科学

宏洋問題の嘘と真相

嘘をつくなかれ。

大川隆法 著

嘘偽りで、人の心を弄ぶことは許されない──。悪意ある虚偽を吹聴する者や「悪口産業」と化すマスコミに警鐘を鳴らし、「知的正直さ」の価値を説く。

1,650 円

直撃インタビュー 大川隆法総裁、宏洋問題に答える

幸福の科学総合本部 編

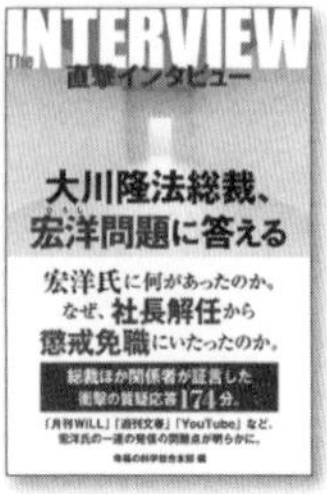

「月刊 WiLL」「週刊文春」「YouTube」──。宏洋氏の虚偽の発信に対して、大川総裁ほか関係者が真相を語った、衝撃の質疑応答174分。

1,650 円

宏洋問題の深層

「真実」と「虚偽」をあきらかにする 31 人の証言

幸福の科学総合本部 編

宏洋氏は、なぜ信仰を冒瀆し、虚偽による誹謗中傷を繰り返すのか。逆恨み、女性問題、セクハラ・パワハラなど、関係者が語る衝撃の「素顔」と「言動」。

1,540 円

宏洋問題を斬る

「内情」を知り尽くした 2 人の証言

幸福の科学総合本部 編

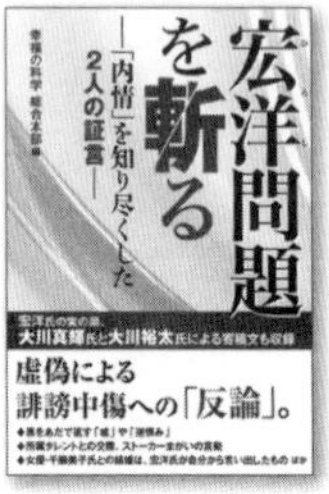

彼の嘘がこれ以上多くの人を傷つけないように──。公私にわたり宏洋氏を間近に見てきた関係者による証言と反論。

1,540 円

※表示価格は税込10%です。

大川隆法ベストセラーズ・地球神エル・カンターレの真実

メシアの法

「愛」に始まり「愛」に終わる

「この世界の始まりから終わりまで、あなた方と共にいる存在、それがエル・カンターレ」──。現代のメシアが示す、本当の「善悪の価値観」と「真実の愛」。

2,200円

信仰の法

地球神エル・カンターレとは

さまざまな民族や宗教の違いを超えて、地球をひとつに──。文明の重大な岐路に立つ人類へ、「地球神」からのメッセージ。

2,200円

永遠の仏陀

不滅の光、いまここに

すべての者よ、無限の向上を目指せ──。大宇宙を創造した久遠の仏が、生きとし生けるものへ託した願いとは。

1,980円

観《かん》自《じ》在《ざい》力《りき》

大宇宙の時空間を超えて

釈尊を超える人類史上最高の「悟り」と「霊能力」を解き明かした比類なき書──。宗教と科学の壁を超越し、宇宙時代を拓く鍵が、ここにある。

1,870円

幸福の科学出版

幸福の科学グループのご案内

宗教、教育、政治、出版などの活動を通じて、地球的ユートピアの実現を目指しています。

幸福の科学

一九八六年に立宗。信仰の対象は、地球系霊団の最高大霊、主エル・カンターレ。世界百六十九カ国以上の国々に信者を持ち、全人類救済という尊い使命のもと、信者は、「愛」と「悟り」と「ユートピア建設」の教えの実践、伝道に励んでいます。

（二〇二三年十月現在）

愛

幸福の科学の「愛」とは、与える愛です。これは、仏教の慈悲《じひ》や布施《ふせ》の精神と同じことです。信者は、仏法真理をお伝えすることを通して、多くの方に幸福な人生を送っていただくための活動に励んでいます。

悟り

「悟り」とは、自らが仏の子であることを知るということです。教学《きょうがく》や精神統一によって心を磨き、智慧《ちえ》を得て悩みを解決すると共に、天使・菩薩《ぼさつ》の境地を目指し、より多くの人を救える力を身につけていきます。

ユートピア建設

私たち人間は、地上に理想世界を建設するという尊い使命を持って生まれてきています。社会の悪を押しとどめ、善を推し進めるために、信者はさまざまな活動に積極的に参加しています。

海外支援・災害支援

幸福の科学のネットワークを駆使し、世界中で被災地復興や教育の支援をしています。

毎年２万人以上の方の自殺を減らすため、全国各地でキャンペーンを展開しています。

公式サイト **withyou-hs.net**

自殺防止相談窓口

受付時間　火～土:10～18時（祝日を含む）

TEL **03-5573-7707** メール **withyou-hs@happy-science.org**

視覚障害や聴覚障害、肢体不自由の方々と点訳・音訳・要約筆記・字幕作成・手話通訳等の各種ボランティアが手を携えて、真理の学習や集い、ボランティア養成等、様々な活動を行っています。

公式サイト **helen-hs.net**

入会のご案内

幸福の科学では、主エル・カンターレ　大川隆法総裁が説く仏法真《ぶっぽうしん》理《り》をもとに、「どうすれば幸福になれるのか、また、他の人を幸福にできるのか」を学び、実践しています。

入会

仏法真理を学んでみたい方へ

主エル・カンターレを信じ、その教えを学ぼうとする方なら、どなたでも入会できます。入会された方には、『入会版「正心法語《しょうしんほうご》」』が授与されます。

入会ご希望の方はネットからも入会申し込みができます。

happy-science.jp/joinus

三帰《さんき》誓願《せいがん》

信仰をさらに深めたい方へ

仏弟子としてさらに信仰を深めたい方は、仏《ぶっ》・法《ぽう》・僧《そう》の三宝《さんぼう》への帰依を誓う「三帰誓願式」を受けることができます。三帰誓願者には、『仏説・正心法語』『祈願文《きがんもん》①』『祈願文②』『エル・カンターレへの祈り』が授与されます。

幸福の科学 サービスセンター
TEL 03-5793-1727
（受付時間／火～金：10～20時　土・日祝：10～18時（月曜を除く））

幸福の科学 公式サイト
happy-science.jp

ハッピー・サイエンス・ユニバーシティ

Happy Science University

ハッピー・サイエンス・ユニバーシティとは

ハッピー・サイエンス・ユニバーシティ（HSU）は、
大川隆法総裁が設立された「日本発の本格私学」です。
建学の精神として「幸福の探究と新文明の創造」を掲げ、
チャレンジ精神にあふれ、新時代を切り拓く人材の輩出を目指します。

人間幸福学部　経営成功学部　未来産業学部

HSU長生キャンパス　TEL **0475-32-7770**
〒299-4325　千葉県長生郡長生村一松丙 4427-1

未来創造学部

HSU未来創造・東京キャンパス
TEL **03-3699-7707**
〒136-0076　東京都江東区南砂2-6-5　公式サイト **happy-science.university**

学校法人 幸福の科学学園

学校法人 幸福の科学学園は、幸福の科学の教育理念のもとにつくられた教育機関です。人間にとって最も大切な宗教教育の導入を通じて精神性を高めながら、ユートピア建設に貢献する人材輩出を目指しています。

幸福の科学学園

中学校・高等学校（那須本校）
2010年4月開校・栃木県那須郡（男女共学・全寮制）
TEL **0287-75-7777**　公式サイト **happy-science.ac.jp**

関西中学校・高等学校（関西校）
2013年4月開校・滋賀県大津市（男女共学・寮及び通学）
TEL **077-573-7774**　公式サイト **kansai.happy-science.ac.jp**

仏法真理塾「サクセスNo.1」

全国に本校・拠点・支部校を展開する、幸福の科学による信仰教育の機関です。小学生・中学生・高校生を対象に、信仰教育・徳育にウエイトを置きつつ、将来、社会人として活躍するための学力養成にも力を注いでいます。

TEL 03-5750-0751（東京本校）

エンゼルプランV

東京本校を中心に、全国に支部教室を展開。信仰をもとに幼児の心を豊かに育む情操教育を行い、子どもの個性を伸ばして天使に育てます。

TEL 03-5750-0757（東京本校）

エンゼル精舎

乳幼児が対象の、託児型の宗教教育施設。エル・カンターレ信仰をもとに、「皆、光の子だと信じられる子」を育みます。
（※参拝施設ではありません）

不登校児支援スクール「ネバー・マインド」

TEL 03-5750-1741

心の面からのアプローチを重視して、不登校の子供たちを支援しています。

ユー・アー・エンゼル！（あなたは天使！）運動

障害児の不安や悩みに取り組み、ご両親を励まし、勇気づける、障害児支援のボランティア運動を展開しています。

一般社団法人 ユー・アー・エンゼル
TEL 03-6426-7797

NPO活動支援

学校からのいじめ追放を目指し、さまざまな社会提言をしています。また、各地でのシンポジウムや学校への啓発ポスター掲示等に取り組む一般財団法人「いじめから子供を守ろうネットワーク」を支援しています。

公式サイト mamoro.org　ブログ blog.mamoro.org
相談窓口 TEL.03-5544-8989

幸福の科学
百歳まで生きる会～いくつになっても生涯現役～

「百歳まで生きる会」は、生涯現役人生を掲げ、友達づくり、生きがいづくりを通じ、一人ひとりの幸福と、世界のユートピア化のために、全国各地で友達の輪を広げ、地域や社会に幸福を広げていく活動を続けているシニア層（55歳以上）の集まりです。

【サービスセンター】TEL 03-5793-1727

シニア・プラン21

「百歳まで生きる会」の研修部門として、心を見つめ、新しき人生の再出発、社会貢献を目指し、セミナー等を開催しています。

【サービスセンター】TEL 03-5793-1727

幸福実現党

内憂外患《ないゆうがいかん》の国難に立ち向かうべく、2009年5月に幸福実現党を立党しました。創立者である大川隆法党総裁の精神的指導のもと、宗教だけでは解決できない問題に取り組み、幸福を具体化するための力になっています。

幸福実現党　党員募集中

あなたも幸福を実現する政治に参画しませんか。

＊申込書は、下記、幸福実現党公式サイトでダウンロードできます。

住所：〒107-0052
東京都港区赤坂2-10-8 6階 幸福実現党本部

TEL 03-6441-0754　FAX 03-6441-0764

公式サイト hr-party.jp

HS政経塾

大川隆法総裁によって創設された、「未来の日本を背負う、政界・財界で活躍するエリート養成のための社会人教育機関」です。既成の学問を超えた仏法真理を学ぶ「人生の大学院」として、理想国家建設に貢献する人材を輩出するために、2010年に開塾しました。現在、多数の市議会議員が全国各地で活躍しています。

TEL 03-6277-6029

公式サイト hs-seikei.happy-science.jp

出版 メディア 芸能文化　幸福の科学グループ

幸福の科学出版

大川隆法総裁の仏法真理の書を中心に、ビジネス、自己啓発、小説など、さまざまなジャンルの書籍・雑誌を出版しています。他にも、映画事業、文学・学術発展のための振興事業、テレビ・ラジオ番組の提供など、幸福の科学文化を広げる事業を行っています。

アー・ユー・ハッピー？
are-you-happy.com

ザ・リバティ
the-liberty.com

幸福の科学出版
TEL **03-5573-7700**
公式サイト **irhpress.co.jp**

THE FACT

YouTubeにて
随時好評
配信中！

ザ・ファクト
マスコミが報道しない
「事実」を世界に伝える
ネット・オピニオン番組

ザ・ファクト　検索

NEW STAR PRODUCTION

ニュースター・プロダクション

「新時代の美」を創造する芸能プロダクションです。多くの方々に良き感化を与えられるような魅力あふれるタレントを世に送り出すべく、日々、活動しています。 公式サイト **newstarpro.co.jp**

ARI Production

ARI《アリ》 Production《プロダクション》

タレント一人ひとりの個性や魅力を引き出し、「新時代を創造するエンターテインメント」をコンセプトに、世の中に精神的価値のある作品を提供していく芸能プロダクションです。 公式サイト **aripro.co.jp**